《窗边的小豆豆》背后的故事

你真是一个好孩子

[日] 猿渡静子 著

上海译文出版社

照片左侧的木牌上写着"巴学园"几个字
"トモエ"是"巴"的日文片假名写法
第一章 巴学园：万千孩子心中的"梦校"

巴学园的幼儿园的孩子们

九品佛净真寺中的古井——星之井
第三章 巴学园的周边

原来的电车内部
第四章 电车教室

复原后的电车图书室

在旧时光里围着宣传艺人看热闹的孩子们
第六章 宣传艺人

俳句诗人小林一茶的画像
第八章
俳句与巴学园的孩子

歌舞伎名剧之一《化缘簿》
第九章《化缘簿》——巴学园唯一一次演戏

江户浮世绘中所描绘的义经与辩庆
初次相遇之战

日本中尊寺所藏的义经像

巴学园的孩子们在学校礼堂露营
第十章 小林校长

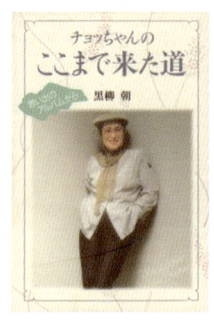

小豆豆的妈妈创作的　　小豆豆的妈妈创作的
《阿朝才会这么做》　　《阿朝来这里的路》
第十一章 小豆豆的妈妈

《窗边的小豆豆》日文版封面
第十八章《窗边的小豆豆》中的插图

目录

一	巴学园：万千孩子心中的『梦校』	1
二	巴学园的上课方式	19
三	巴学园的周边	37
四	电车教室	55
五	海的味道、山的味道	71
六	宣传艺人	89
七	韵律操	105
八	俳句与巴学园的孩子	123
九	《化缘簿》——巴学园唯一一次演戏	141
十	小林校长	157

十一 小豆豆的妈妈	173
十二 小豆豆的爸爸	189
十三 小豆豆最好的朋友——泰明	205
十四 小豆豆的同窗们	221
十五 多动症与小豆豆	237
十六 狗狗洛基与小豆豆	253
十七 手语与小豆豆	271
十八 《窗边的小豆豆》中的插图	287
十九 长大以后的小豆豆	303
二十 中国与全世界的《窗边的小豆豆》	319
后记	335

一

巴学园：万千孩子心中的"梦校"

1. 为什么叫巴学园？

巴学园，是万千孩子心中的"梦校"。它不像一所学校，不像一所后来都有围墙的学校，更不像近百年后教室与课程表、准确的空间与时间的点线困住孩子的学校。对于一年级就被退学了的小豆豆来说，这是让她记忆一生、改变一生的地方。

将小豆豆退学的公立学校，跟现在的学校差不多："大门是气派的混凝土柱子做的，上面醒目地写着学校的名字"。但是，巴学园的校门"却是用矮矮的树做成的，而且树上还长着绿色的叶子"，是"从地里面长出来的门"。同时，巴学园的教室里也没有固定的座位，学生每天可以自由选择自己坐在哪里。巴学园还没有固定的课程表，上第一节课时，老师会将一天中全部课程的要点讲完，让大家自己学习。除了语文、算术等学科之外，巴学园常常另设有散步课，老师会带领学生们走进大自然中去学习生物、历史等知识。

就是这所由小林宗作（1893—1963年）创立于1937年的

学校,在一个名叫"自由之丘"的地方接收了小豆豆。小豆豆也感到奇怪:学校为什么叫"巴"呢?《窗边的小豆豆》最后一节"再见,再见"中写道——

> 巴学园起火了。……大火把学校几乎夷为平地,再也无法修缮。在自由之丘,也到处火舌蹿动,浓烟弥漫。……校长先生一边看着火焰舞动,一边对站在身边的儿子——大学生巴说:
> "噢,下一次,我们办一个什么样的学校呢?"①

是的,小林校长用自己儿子的名字——"巴"作为了学校的名字,而以自由、鼓励、赏识为教育理念的巴学园1945年尽数毁灭于战火。

2017年,小豆豆的好友、歌手福山雅治,在日本"春晚"红白歌会上,为小豆豆痛失的母校献唱了自己作词、作曲的《巴学园》。他这样唱道——

> 那么欢喜,
> 却变成寂寞。
> 那么快乐,
> 却变成忧伤。

---

① 源自《窗边的小豆豆》,黑柳彻子著,赵玉皎译,南海出版公司,2018年版。若无特殊说明,下文引文皆出自此书。

似爱恋一般，令人目眩，
如爱恋那样，使人怀念。
无比喜欢的感觉，
只要回忆起，
就想落泪，
直到今天。

老师、朋友，
我的心，
是你们培育的。
在学校学习的每一天，
谢谢你们。

我们，
是不同的，
脸的形状，
心的形状。

因为不同，
而有趣。
所以我们的手，
会想要紧紧握住。

对于"第一次",
虽然总是恐惧,
但格外令人怦然心动。

对吧,爸爸。对吧,妈妈。
多等等我,
我就会变成一个,
更好的孩子。

在电车教室里吃盒饭,
脱光了跳进泳池的夏天,
我的心也是赤裸裸地干净,
那个夏天,若一直从未远去,该有多好……

最欢喜的笑颜,
只要回忆起,
就想落泪,
直到今天。

老师、朋友,
我的明天,
是你们创造的。
在学校学习的每一天,

谢谢你们。

是你们教会了我，
何为"不同"，
何为"自由"。

是你们教会了我，
何为"喜欢"，
何为"幸福"。

你看，自由，
是多么幸福的事，
我，
直到今天。

2. 巴学园到底长什么样？

正在这时，小豆豆的眼前出现了一幅只有在梦里才能见到的景象。她弯下腰，把头钻进大门旁边树木枝叶的空隙里，向大门里面张望。怎么会呢，真的见到了！

"妈妈！那是真的电车吗？停在校园里面呢。"

这就是小豆豆第一次见到的巴学园的模样。再次惊诧到她的不是树木做的校门，而是将电车当成教室。巴学园整个学校的主体便是这六辆电车教室，还有一个白色的礼堂。巴学园没有围墙，到处是由树组成的一方绿色的自由天地——"校园不太大，四周种了各种各样的树木，用来作为围墙。花坛里开满了红色的、黄色的花朵"。

电车教室的下方搭建了低矮的木架，学生们可以在木架上玩耍，向教室里张望。校园的树下还设有长桌与长椅，到了夏天，他们便在这里吃"海的味道、山的味道"的盒饭。

小豆豆他们爬的树和那个梯子在校园中间右侧的地方。梯子看起来似乎不高，也有些简陋，但对于孩子来说是爬上爬下的快乐和勇于挑战自己与体能的锻炼；我每每看到那架梯子，总会不由自主地想：今年将满九十二岁高龄的小豆豆，至今依然神采奕奕地活跃在各种电视节目中，小时候的这个梯子，是不是在她身体的每一个细胞间，至少给过她百分之一的自信、倔强和勇敢呢？

那么，把废旧的电车当作教室的奇思妙想来自何人？至今已无从考证其姓名，只知是巴学园学生的一位家长，当时身居东京横滨电铁公司的要职，是他将废弃的电车捐赠给了巴学园。于是，我的脑海中始终有一个关于巴学园的美丽画面：自由之丘站附近一片田园牧歌之所竟然有一个学校；两棵树木根植于两侧，便是学校从地里长出来的校门，旁边摇摇晃晃地挂着一个木牌，上面写着"巴学园"几个字；走进校门的右手边，是"电车图书室"，图书室的对面是礼堂——这个礼堂在近百年前很多庆典与留念照片中都作为背景出现过；一辆辆电车教室摆放在礼堂旁边，教室前则是泳池。

整个巴学园被包裹在一棵棵高大的绿树之中。校园里还有很多小树，应该是后来种植的；其中的一棵，便是"小豆豆的树"。

巴学园的不远处，有九品佛川流过，川边是九品佛绿道。

如果环抱着巴学园的树林没有完全遮挡住孩子们的视线的话，他们在教室里可以看见周围大片的油菜花田，还有徒步可至的九品佛净真寺……

3. 巴学园的后来？

从 B-29 飞机上，数枚燃烧弹投向巴学园，落在了电车教室上。

巴学园带着所有人的希望，到这里却戛然而止。小林校长不言放弃，想着"下一次"；想必，所有人可能至今都坚信，巴学园还在某处存在着。但事实是，世事总带着残缺与遗憾。那个有电车教室的巴学园，那个 1937 年由小林宗作在东京目黑区自由之丘创立、包含幼儿园和小学的巴学园，1945 年均烧毁于东京空袭中。虽然之后幼儿园得以重建，但小学再也没能恢复。1963 年，小林校长去世后，幼儿园也随即关闭。1978 年，小林校长的儿子向相关部门提交了幼儿园的废园申请，巴学园从此成为历史。

巴学园的校舍遗迹位于现今的自由之丘商店街处，更准确地说，在如今"孔雀超级商店"及其停车场的位置，"巴学园纪念碑"正设立于此。该纪念碑由自由之丘商店街振兴组合无偿提供场所，相关费用由巴学园小学、幼儿园的历届校友捐资。1988年4月24日，小豆豆与她的校友——芭蕾舞家谷桃子、女演员津岛惠子，一并出席了揭幕式。

此后近二十年的时间，巴学园同窗会一直维持与管理着这座纪念碑。同窗会代表木村昭太郎去世后，经同窗会同意，木村的代理人，即女儿佐藤尚代将管理权于2018年交给了商店街振兴组合。

这些所有被太多记忆、怀念着的事情，都因1937年那所巴学园而起，虽然时空已经穿梭了八十年，当时那些与小豆豆在一起的孩子们不过四五岁，或六至十二岁，但是巴学园里那段短短的经历，该是怎样新鲜与醍醐灌顶似的感受，在他们的心中从此镌刻下来。

4. 律动的巴学园

其实，巴学园最初并不叫这个名字，而是与前面曾经数次提到的那个地名——自由之丘有关，它叫"自由之丘学园"。也就是说，自由之丘学园是巴学园的前身，成立于1928年。当时的自由之丘还是个荒凉之地，因为这个学园的存在，后来此片地域便被称为"自由之丘"。而现在，这里已经是时尚与流行之所——琳琅满目的咖啡店、高级理发店、甜点店，以及精致的杂货店等，让它获得了"东京小威尼斯"的美誉。且因周边有起伏不断的山丘，有蜿蜒的河道，有小巧的洋房，呈现出一片宁静与安逸的图景，颇受文艺青年追崇。

而近百年前，自由之丘学园的创立者手塚岸卫，想必是出于对自然风景之喜爱，才选择了这里吧。学园创立之初，设有幼儿园、小学以及中学，倡导自由教育。1936年，手塚故去后，学园陷入经营困境，中学由藤田喜作接手，独立成为"自由之丘学园中学"；幼儿园及小学的部分便被当时在成蹊小学执鞭的小林宗作承继下来,就是后来的巴学园。

小豆豆是一年级被退学后转入巴学园的,上的是小学。其实巴学园还有幼儿园。但无论幼儿园还是小学,小林校长在原有自由教育理念的基础上,首次将韵律操应用到了教学中。

什么是韵律?每当有人提出疑问的时候,小林先生就这样回答:"韵律是让身体的组织结构更加灵巧的游戏,是教给我们怎样去开动心灵的游戏,是让心灵和身体理解节奏的游戏。做韵律操会使人的性格富有韵律感,富有韵律感的性格是美好的、强大的,能够温和地顺应自然的法则。"

《巴学园的父亲:小林宗作传》[①]一书中曾提到,小林先生始终重视幼儿教育,他说:"幼儿园的教育非常必要。最为必要。在人类生活的一生中,在人类教育的每一个时代里,还从未出现过如此重大的问题。"

其实小林先生一直都未曾忘记他骨子里坚信的幼儿教育。1948年他创办了樱花幼儿园,1950年还开设了一所国立幼儿园,并担任第一任园长,那就是如今的"国立音乐大学附属幼儿园"。该园历经七十多年,一直延续至今,网站的首页始终"挂记"着小林先生的幼儿教育宗旨:"让保育变成艺术。将音乐、舞蹈等,在艺术中再提高一个层级,变成更伟大的艺术。"他还说:教育必须是无拘无束的自由;教育必须只告诉孩子真

---

① [日]佐野和彦著,上海教育出版社,2023年出版。

相；不能无视孩子的感性，而将教育利用在其他目的上。直至今日，国立音乐大学附属幼儿园依然践行着这样的教育方针：就像孩子呼吸有节奏、走路有节奏、欢笑和哭泣有节奏，还有嘴里说出的话、唱出的歌有节奏一样，每个孩子都有着一颗音乐的心。在身心的感觉和机能最发达的幼儿时期，通过韵律操能培养他们对声音和韵律的记忆。扎根于生活中的韵律操，是在将自然界的节奏融入孩子的体内，培养他们对音乐的喜爱和表现能力的同时，也能提高他们在精神上的注意力、敏捷的活力，帮助他们和小伙伴建立并保持和谐的关系。

可喜的是，我们现在已经能看到，有不少中国的幼儿园也开始将韵律操纳入幼儿教育之中。我想，在中国畅销了数千万册，被数以亿计的孩子、家长、教育工作者们阅读过的《窗边的小豆豆》，一定给了他们当中的很多人一种启发，那就是音乐、韵律对于孩子成长的重要性。之前中国幼儿园施行的传统的韵律活动教学，通常是老师将事先编好的动作或舞蹈教给孩子，但现在他们更注重孩子自主、愉快地参与其中，让孩子通过自己的想象自由地舞动，用身体动作来呈现音乐节奏的强与弱、快与慢等等。

如果云上的小林先生看到不只在日本，在其他国家，受到《窗边的小豆豆》影响的孩子也律动起来了，那他会感到多么幸福啊。

5. 巴学园的毕业生们

巴学园的毕业生当中，最有名、最有成就的自然是黑柳彻子。是她写出了《窗边的小豆豆》，让万千亚洲孩子，包括其他更多国家的孩子，认识了小豆豆。因为《窗边的小豆豆》一书中已经详尽、完整地记录了小豆豆的小时候，后续我会再介绍小豆豆离开巴学园后的成长时光。

那么，在巴学园学习的另外一些孩子，长大后又变成了什么样子呢？

首先，他们当中出现了一位物理学家，也就是山内泰二，小豆豆叫他"阿泰"。《窗边的小豆豆》的后记中颇为骄傲且用一页半的篇幅介绍了阿泰的成就。"不肯娶我作新娘的阿泰，现在是日本有代表性的物理学家。"他取得日本筑波大学的物理系学士、硕士学位后，留学美国，获罗彻斯特大学博士学位。小豆豆执笔时，"阿泰已经是位于美国伊利诺伊州大名鼎鼎的'费米国立加速研究所'的副所长"。

阿泰与小豆豆是同一年级,"上课时的阿泰,总是待在他的酒精灯、烧瓶、试管旁边,再不然就在自己的座位上埋头读着很难的科学书或物理书"。小时候已然一副"理工男"架势的阿泰,自然心底不会想娶那活泼到多动、淘气堪比男孩子的小豆豆——他后来娶了一位数学才女。其实,小时候的"情感观"随着长大一定会变,倒是小时候孩子真正的兴趣所在,如果能及时被发现,或许人生的道路会完全不同。

出席了"巴学园纪念碑"揭幕仪式的津岛惠子是小豆豆的学姐,后来成为了一位知名的女演员。她出生于1926年,2012年过世,年长小豆豆七岁。那么可以推测出,惠子应该是高年级的学生,与小豆豆彼此间在巴学园里可能交集不多,甚至小豆豆入学时,惠子已经毕业。

惠子入读东洋音乐学校(现在的东京音乐学院)后退学,1947年出演了第一部电影《安藤家的舞蹈会》,直到2002年,她共出演了近百部电影以及电视剧,代表作有黑泽明导演的《七武士》等。

话说,东洋音乐学校也是后来小豆豆入读的大学。自然,小豆豆对音乐的喜爱,或者一部分是源自身为音乐家的父亲。但当看到巴学园的毕业生中,惠子也选择了音乐学校,同时另外还诞生了芭蕾舞家谷桃子,以及另一位女演员池内淳子,便会让人不由得"怀疑",她们与巴学园的音乐教育应是不无渊源。

"世界上最可怕的事情，莫过于有眼睛却发现不了美，有耳朵却不会欣赏音乐，有心灵却无法理解什么是真。不会感动，也不会充满激情……"

校长先生这样感叹着，把韵律学引入到教学中来，并且相信它一定会收到好的效果。

于是我坚信，在巴学园短短的历史中，一共不过五十个左右的孩子中，有不少跃动出了美丽的人生，那是因为校长先生为他们埋下了在音律中舞跳着的自信与快乐的种子。

二

巴学园的上课方式

1. 自由的课程表

一说到课程表，中小学生都太熟悉不过了：基本上每个新学期一开学，拿到新课本，将新课本编排有序的便是课程表。课程表让整整一个学期每周循环往复着。家长们会帮孩子将课程表或叠放在文具盒中，或插入书包的透明层里。

但是，巴学园的孩子们没有固定的课程表，只有自由的课程表：每天第一节课开始之前，老师会将今天要上的课写在黑板上。总之，巴学园的一切，都与小豆豆之前所上的学校不一样，而且全都是令人惊诧般的新奇与独特。

在第一节课开始的时候，女老师就把当天要上的所有的课，还有每一节课所要学习的所有问题点，满满地写在黑板上，然后说：

"下面开始上课，从你喜欢的那门课开始吧。"

这样自由、自主的上课方式有些像自习，但也恰恰说明了巴学园对于孩子的尊重与信任，让孩子最大限度地发挥自我能动性。其实，人类所创造的学校、所划定的学习内容与学习方式，是枯燥且反生物的自然天性的。然而，作为最高等的生物在自我创造的社会中，又不得不学习知识，延伸等级与阶层，同时不甘愿承认，几乎所有孩子的内心都是厌倦学习的。如此，就需要教育者真正找到有助于孩子快乐地获取知识的方式。若能像巴学园这样，让每个孩子从自己喜欢的那门功课学起，黑板上又清晰地写着一天需要完成的学习任务，孩子成为自己的主人，逐步解决课业中的问题点，仿如攻克了一个个堡垒，那份价值感与成就感随之而生，这就是近百年前的小林校长真正懂得孩子的悟道。

> 这样上课的话，随着小学生们年级的升高，老师就能够逐渐掌握每一个学生的兴趣所在，以及他感兴趣的方式、对问题的思考方法等。由此，老师能清楚地了解每个学生的个性。对老师而言，在了解学生的基础上因材施教，是最有效的上课方法。

如上这样的阐述，会令人不禁想起上个世纪初由美国著名哲学家、教育家杜威所提出的"儿童中心论"。杜威的理论同样影响了日本大正时期（1912—1926年）的自由教育运动，并进一步得到深化。大正时期的自由教育认为：以儿童为中心，并不意味着儿童以自我为中心，可以随心所欲。与其片面地向儿童灌输由成人为之规划的教育内容，不如重视儿童自身的个性、兴趣和关注点，对他们进行教育，让他们能够独立学习。

大正自由教育运动是19世纪末至20世纪初活跃于西方的新教育运动传入日本后，于20世纪20年代至30年代初兴起的一场运动，也被称为"教育改造运动"和"新教育运动"。日本将19世纪以教师为中心的灌输式教育称为旧教育，而由自由教育运动支持者发起的以儿童为中心的教育则被称为新教育。

2. 散步也是上课？

是的，在巴学园，散步也是上课；但是想上"散步课"是有"条件"的，那就是必须把当天的学习计划全部完成——

  老师在早晨第一节课的时候，把一天里要学习的知识全部写在黑板上，如果大家非常努力，上午就能把一天的学习计划都完成的话，那么下午一般就可以去散步。

可见，小豆豆他们的散步，不是半小时或一小时那么短的时间，而是整个下午！但散步课并不是小林校长首创的，它其实在时间的起源上要比巴学园早得多，可以追溯到日本大正时代。大正时代在教育上大胆开创了自由教育以及通识教育。其中通识教育的萌芽早在明治时代（1868—1912年）便已出现，其关键人物名叫樋口宽次郎，毕业于东京高等师范学校（现在的筑波大学），后就任该校附属小学教师。樋口认为，在教学中，亲眼所见、亲手触摸实物，比使用文字与图片更为重要，于是他将散步与学习结合起来，在1896年组织了"浅冈山散步"，让小学二年级的学生们拿着地图，步行往返于上野和浅冈山之间。樋口让学生们观察不忍池、田野和火车，将东照宫、五重塔、动物园、博物馆与地图对照和比较。他们这一路学习的内容包括动物学、植物学、农学、商学、地理学、物理学等等。樋口的这一做法是当时独树一帜性的创新。

樋口力求激发学生们的自主性，让他们在快乐中学习。他认为，在感到快乐时，内心所产生的意愿便会是强烈的、显著的。他因创造了这种"行动主义"教学，被当时的教育界美誉为"儿童的发现者"。而出生于1893年、始终致力于教育的小林校长，肯定对樋口的教育理念及行为方式是了解并赞许的。

的确，小豆豆他们的散步课不仅仅是玩儿，他们在散步中有各种各样的知识获得。走过油菜花田时，老师会给他们示范与讲解雌蕊和雄蕊的生物知识；走进寺庙与佛堂里，他们在观察、请教中习得了历史知识；在与其他同学的热切聊天中，还彼此收获了更多的方方面面的知识。

与小林校长一样，那个时代的教育家们打开了一个全新的教育视界，他们发自内心地认为，野外是很好的教学场所，散步是极佳的锻炼方式。蓝天为屋，山林为壁，绿草为席，岩石为地，自然为书，自然为笔，自然为纸，自然为砚，用耳倾听，用眼阅读，诸如此类的教育方式被称为"行动主义教育"。自樋口发起行动主义教育之后，日本的宫城县等地也开展了类似的"户外教学"。其中最详细的报告之一是1899年11月27日宫城县师范学校附属小学进行的户外教学活动，参加者有一年级和三年级，男生二十八人，女生二十八人，共计五十六人。这次户外教学的目的地是仙台市北部的大原，距离约四公里。上午八点出发，下午两点返校。

3. 请农民来上课？

"注意啦，这位是我们今天的老师，会教给大家好多东西。"

校长先生这样向孩子们介绍一位新的男老师。

……

老师的脸被太阳晒得黑黝黝的，虽然有不少皱纹，但显得很和气。老师的腰上系了一条黑布带，那是当作腰带的，布带上垂着一个烟袋，这也不像是第一次看到……

"噢！"

小豆豆终于想了起来。

"哎，老师，您是不是总在河边的旱田里呀？您是种庄稼的吧？"

这位突然被请来给小豆豆他们上课的就是种庄稼的农民，后来被他们昵称为"旱田"老师。和中国一样，日本教师是需要持教师证才能上岗执教的,但是小林校长认为,"让孩子们看到'真正的东西'是非常必要的,也是最重要的"。的确,我们在漫长的一生中,通过书本上习得的知识,到长大成人,甚至当一个学期考试结束后,就大多会渐渐遗忘,可是在亲身体验中获取的知识,却很难忘记。这就如骑自行车,真正学会之后,我们的双脚与双手便刻印下了那种感觉。

如此,请农民来上课的情景,怕是在世界上几乎所有国家,那有着围墙,有着一间间排列整齐的教室、座椅、课程表的学校里的孩子绝对无法想象的吧。他们或许就连做梦都想不到,在上学时能亲身体会农民老师来教他们拔草、翻地、培垄、撒种、施肥,让他们学会种田的整个过程。后来他们还在巴学园自己的田里种上自己的种子,每天期盼着长出小苗,兴奋地向校长先生报告:"我种的种子居然发芽了!"

有幸的是,当巴学园已经消失近八十年后,在当下中国,变化也在发生:为了让孩子们在考试与分数中抬头看看真实的生活,小学生的农耕课堂开课了。这种行动式教育,意在通过把课堂搬到田间地头、带领学生下田插秧,让学生知农事、学农耕、惜农食。此外,还有很多中国学校开设了劳动课,将劳模请进了教室。

其实,无论哪个国家、哪个时代的孩子,若没有亲自下田体验过农耕,内心是无法真正体会到农民伯伯的"粒粒皆辛苦"的。何况,一粒种子成为粮食,是一种非常神奇的"生命"

成长体验。种子种到地里,要多少天才能发芽,多少天长大成禾苗,多少天长出麦穗,除了农民,一般人是不了解的,但当孩子们知晓了从春耕到秋收种子这一神奇的生长过程,吃饭时箸下的一颗米粒都可以为他们带去一份珍惜与幸福吧。倘若学生们光着双脚,踩进农田的淤泥中,那份泥巴在脚趾间滑腻与溢出的实感也是独一无二的,他们脸上会露出诧异的神色、随后再带来笑容的。所谓好的教育,其实不就是让孩子走出教室,在大自然中感受天与地、风与云、植物与动物吗?这一切才是自然与人类的互生。由此,我对小林校长又多了一份敬佩,他是真的懂得孩子是什么,懂得孩子该如何长大。

4. 巴学园与当时其他学校的授课

　　于是，小学生们就从自己喜欢的那门课开始学习，先上语文也行，先上算术也行，都是可以的。所以，喜欢作文的小学生在写作文，后面的位子上，喜欢物理的学生点起了酒精灯，把烧瓶烧得"咕嘟咕嘟"冒泡，或者做着什么爆发实验。

　　书中这段文字，难免令人心生疑问：当时的小学一年级，要上物理课吗？我在查阅1941年日本小学所规定授课的内容及时长中发现，当时的一年级小学生，要上四大分类科目，分别是国民科、理数科、体锻科、艺能科。其中国民科包括修身、国语、国史、地理；理数科包括算术与理科；体锻科包括武道和体操；艺能科包括音乐、习字、图画、工作和裁缝。四大分类科目一周总计二十三个课时，随着年级的升高，授课课时也会相应增加，到六年级时，一周需要上三十三个课时。但是一至三年级，不需要上的课有国史、地理、武道和裁缝。国史即为历史，裁缝是专门为高年级女生设置的。那么，《窗边的小豆豆》中提到的物理课，应该隶属于理科。日本所谓的理科，汇集了物理、化学、生物和自然历史等学科，也包括自然科学的内容。有趣的是，一年级上的工作课，又是什么课呢？其实，这个"工作"指的是动手做东西，也就是手工课。

总之，巴学园时代的其他学校的一年级要上的课有修身、国语（语文）、算术、理科、体操、音乐、习字、图画（绘画）、工作课。但是小豆豆他们上课，除了自由的形式，在授课内容上，也有很大的不同——有人在写片假名，有人在画画，有人在读书，甚至有人在做操。

首先，巴学园没有修身课，即道德课。在当时，所谓的修身课，已经与国家政治密切相关，远离了所谓的修身、修性，而小林校长素来觉得孩子是自然的孩子，是不需要被成年人的思想所左右的孩子，他的内心是不认可孩子需要"修身"的。

除此之外，小林校长还用韵律操将音乐与体操结合在一起，让身心一起动起来，比当时其他学校的音乐不过是唱歌、体操不过是做操，显然要有趣、有益得多。

书中的写片假名，便类如中国的孩子刚上学时学写拼音，但是上课时看书是巴学园非常正常的现象，这是小豆豆他们可独享的，包括后来成为物理学家的阿泰，若不是被允许在课堂上也可以读一些艰深的科学书与杂志之类，也许就此泯灭了对于物理的兴趣也说不定呢。而我总是忍不住推测，小林校长会为一年级的小学生们准备酒精灯、烧瓶等"危险物"，显然，他在重科学实验的基础上，更具有一名校长与男人的担当。试想，谁人不知让六岁的孩子动手做实验，要承担极大的风险与责任呢？但恰恰阿泰幸运地遇到了这样的校长，才最终成就了他一生对于物理的热爱，并获得巨大的成就。

5. 巴学园的运动会更特别

读《窗边的小豆豆》时，无处不给人感觉到，巴学园没有一事一物不是别具一格的，包括一个学校通常一年一度举办的运动会——

> 除了拔河和二人三脚项目同别的学校一样，其余的项目全都是校长先生设计的。这些项目并不需要使用特别的用具，也不是什么夸张的节目，只要利用学校原有的设备，都可以完成。

校长先生亲自设计的独特、有趣的项目包括：钻鲤鱼比赛、找妈妈比赛，还有最后更加富有巴学园特色的全校接力赛。具体如何比赛、如何让学生和家长一起欢声笑语地参与其中，可到《窗边的小豆豆》"运动会"一节中去领略。关于运动会，最神奇的还在于："每一个项目（几乎都是全校学生一起参加)的第一名都被全校个子最矮、手脚最短的高桥君拿走了!"

为何会如此?书中的"高桥君"一节有委婉的交待——

> 高桥君的腿非常短,而且像蟹足那样弯曲着。老师和大人们都知道,高桥君的个子永远就这么高,不会再长了。

如此书写高桥君的小豆豆,因其内心的善良,没有残忍地直接告诉读者,高桥君其实是个患有侏儒症的孩子。那么,很明显,小林校长所设计的巴学园的运动会,大多数项目都是为了高桥君专门"定制"的;而书中也有提到,小林校长希望他"不要忘记夺得第一名时的自信"。换句话说,小林校长的"一句话改变人的一生"不只改变了小豆豆,也同样改变了高桥君。

在《窗边的小豆豆》后记中我们得知,患有侏儒症的高桥君,比正常人还要优秀许多。他以优异的成绩进入国学院久我山高中,该校2023年度在全东京三百九十所私立高中排名中位列第十二名,在全东京六百二十所高中排名中位列第二十三名。后来他又考入了日本明治大学的电气工学系。

如此,我便想起中国的那句俗语:良言一句三冬暖。而对于教育者来说,他们的一语给予一个孩子的温暖,比三冬要长得多得多。何况为了高桥君,那般用心设计运动会比赛项目的小林校长,他的良善用心自然会收获一份绝佳的良田——他使得一个天生身体有缺陷的孩子从未怀有过自卑心理,这一切都因为小林校长那句"你绝对能做到",它深深影响了高桥君的一生。

巴学园的运动会,一等奖是"一根萝卜",我便会想象,高桥君那一天是不是拿着一大筐萝卜回了家呢?

三

巴学园的周边

1. 离巴学园最近的车站

在"自由之丘"车站，从大井町线的电车上下来后……

这是妈妈第一次带小豆豆到巴学园的那天，也就是说，离巴学园最近的车站是大井町线的自由之丘站。

大井町线隶属日本电铁，一共十六站。从大井町始发，经由下神明、户越公园、中延、荏原町、旗之台、北千束、大冈山、绿之丘、自由之丘、九品佛、尾台山、等等力、上野毛、二子玉川，终点为沟之口。大井町位于东京二十三区中的品川区，沟之口位于毗邻东京的神奈川县川崎市的高津区。

而《窗边的小豆豆》所涉及的颇为关键的几个车站，在该线路最初开通之时，另有其他的名字，那些名字对于小豆豆书写八十多年前的巴学园故事会更接近更亲近：旗之台站在开通之时叫"东洗足"，是不是会即刻令你想起书中几次提到的"洗足池"？北千束站是1928年新设的车站，当时叫"池月"，1930年改名为"洗足公园"。

我们将话题再次回到自由之丘——

> 出了校门后，女老师走在中间，九名一年级的小学生沿着小河边走着。小河的两岸生长着成排的高大樱花树，就在不久前，樱花刚刚怒放过。现在视野所及是一望无际的油菜花。如今，这条小河已经被填上了，自由之丘一带挤满了住宅和商店，但在当时，这里还几乎都是田野。

通过这段文字我们得知，巴学园的周边长满了高大的樱花树，还有遍野的油菜花田，所以小豆豆他们在电车教室里上课的时候，望向车窗外，总是恍惚觉得，电车带着他们旅行般地在行走。

具体说，自由之丘这个地方是由舞蹈家石井漠（1886—1962年）命名的。在江户时代（1603—1868年），此处与其东侧的绿之丘被统称为"谷畑"；1923年关东大地震后，铁路公司开始开发东京东部区域，当地的富户地主栗山久次郎等人在此开垦耕地也便是在这一时期。1927年东京横滨电气铁道东横线（现在的东急东横线）在附近开通，并设立了九品佛站。同年，手塚岸卫在由栗山所提供的土地上建立了"自由之丘学园"，随后与手塚关系亲厚的舞蹈家石井漠接踵设立了"舞蹈研究所"，从此吸引了作家石川达三和石坂洋次郎、画家宫本三郎、雕刻家泽田政广搬至此地居住。很快石井漠在信件地址中开始使用"自由之丘"的称呼,并在居民中确立了这一地名。

1929年,目黑浦田电气铁道二子玉川线(现在的东急大井町线)开通,该线路在九品佛净真寺门前设立的车站名叫"九品佛站",后因石川等人及当地居民的强烈呼吁更名为"自由之丘站"。这个车站便是小豆豆当时去巴学园上学时下车的车站。至此我们终于知道,小豆豆他们常去的九品佛的那个寺庙,即是净真寺。

2. 离小豆豆家最近的车站

小豆豆在书中多次提到坐电车去巴学园上学途中的各种经历，但是从未提及她的狗狗洛基每天陪她一起所到的车站是哪一个。那么离小豆豆家最近的车站，到底是大井町线的哪一站呢？

> 昨天，小豆豆第一次捡到了钱，是在从学校回来的电车上捡到的。在自由之丘车站坐上大井町线的电车，快到下一站"绿之丘"时……
> ……
> 这时候，电车到了小豆豆要下车的前一站"大冈山"……

我们从上文中可知，小豆豆放学回家，坐大井町线要从"自由之丘"上车，依序经过的车站有"绿之丘"和"大冈山"。若小豆豆下车的前一站是"大冈山"的话，她的家所在的车站便是"北千束"。

江户时代以前,这一代被称为"千束村"。所谓"千束",其实是一个农业用语,指的是"千束"大米。日本有很多地方都以"千束"为地名,东京二十三区内的浅草北部就有一个叫"千束"的地方。

"北千束"是大井町线上一个乘客相对较少的车站,车站旁边就是大田区赤松小学。这个小学的名字极少被人提及,但很多人应该在心中产生过疑问:将小豆豆退学了的那所学校叫什么名字?此刻,相信你已恍然大悟。是的,这所名叫"赤松"的小学,就是小豆豆被迫退学的那个学校。

赤松小学成立于1879年,有非常悠久的历史,是大田区的名校。1940年被该校退学的小豆豆,当1981年写下《窗边的小豆豆》之时,肯定依然记得这所学校的名字,但是纯善的她,几乎从未在任何时候与任何人谈论过这所学校,仅仅在书中的"破学校"一节中,因情节的铺陈需要,出现过"赤松学校,破学校!走进去一看,好学校!"。所以,即便"它"伤害了她,她也并无丝毫的怨恨;或许,她还心存感激,因为"它"的不够宽容,才使得她遇见了巴学园与小林校长。

东京赤坂区(现在的港区)乃木坂是小豆豆的出生地,大田区的北千束则是她长大的地方。北千束可谓东京二十三个区中闹中取静的绝佳地,既静谧又便利,距离品川站只有十六分钟的车程,距离涩谷站、新宿站、东京站的车程都在三十分钟之内，交通十分便利。所以，这里在百年历史中发展成为了高级住宅区，有许多家庭世代几辈均居住于此。白天的北千束很安静，到了夜晚也没有热闹的街道，是安全而又理想的居所。车站附近还有东京首屈一指的淡水池塘——洗足池公园。这个公园仿佛一座宽域的水生植物园，春有樱树花开蔽日，秋有红叶潜水映月。总之，此地类如小型的水边小镇一般，给人一种田园都市特有的感觉。

其实，"洗足"与"千束"日语同音，在历史上，先有千束之名，后有洗足之传说，历史便在传说中兀自丰富着色彩。

3. 散步去的九品佛

"我们是要去九品佛散步。"

穿着小兔子图案连衣裙的女孩说。女孩的名字叫"朔子",朔子告诉小豆豆好多事情,像"以前在九品佛的水池边上,看到过蛇"啦,"九品佛的庙里有一口古井,曾经有流星落在井里"啦。

书中"散步"一节中出现的九品佛,到底是一个什么样的地方呢?

有寺庙,有古井,该寺便是至今如旧存在的九品佛净真寺。九品佛这个地名及车站名,因该寺中的供奉而来。净真寺的创建地是室町时代(1336—1573年)世田谷领吉良氏的家臣——太平出羽守的居城,也就是奥泽城的旧址。后来,因丰臣秀吉的小田原北条氏被灭,1590年该城废弃。1675年,藩主七左卫门请求将废弃的遗址用作修建寺庙,1678年,经允许,珂硕上人在原址上建造了净真寺。

寺院内的建筑布局别具一格：院中有一条清晰的东西轴线，正殿和三座佛堂都位于这条轴线上。寺庙建造之初，还巧妙地利用了被土方包围的旧城遗址，主建筑分别包括供奉着释迦牟尼佛像的正殿，以及三座佛堂。三座佛堂内供奉着九尊阿弥陀佛像，这便是"九品佛"的由来。

那么，九座佛像为何要称作"九品"呢？是因佛教认为，极乐世界共分四土，每土有九品，代表了净土宗极乐世界从最低的"下品"到最高的"上品"的九个层次。

净真寺在近三百五十年的历史长河中曾屡遭磨难，小豆豆他们散步所到访之时，已非最初建成的模样。寺庙的仁王门在元禄时代（1688—1703年）被烧毁，后于宽政五年（1793年）复建；正殿则在延享五年（1748年）被烧毁，重建于宝历九年（1759年）。此后，在文化元年（1803年），九品佛像得以修复。

而朔子告诉小豆豆的那口古井，确实与星星有关，因为它是一个许愿井，也被称为"星之井"。文献中对此井曾有这样的记载："井水总是清澈见底。"据传说，如果你望着这口井，一边虔诚地诵念"南无阿弥陀佛"，一边坚信佛祖的无量慈悲，然后许下一个愿望，即使是在白天，你的愿望也会像夏夜中闪烁的星星，在水底瞬间得以实现。

"我们去看有流星的井吧。"

小豆豆嗯了一声,就跟在朔子的身后跑过去了。说是一口井,但实际上有她们俩的胸口那么高,好像是用石头砌成的,还有一个木头做的井盖。

那口井的确是用石头砌成的,对于只有六七岁的小豆豆和朔子来说,井沿的确有将近她们的胸口那么高,但是木头井盖如今已换成了竹编盖子。星之井所留下的传说,无论是流星也好,还是"白天睡觉"的普通星星也罢,认为井里有星星是孩子特有的一种浪漫想象,长大后就会务实而消失,但有星星的古井,却长久地留在她们心底了。

4. 野炊去的等等力溪谷

　　1927年开始运行的大井町线，1929年曾与二子玉川线合并。该线路历经近百年，在多个站名不断变化之间，如今的大井町线上依然有等等力车站的存在。等等力的前三站是自由之丘，前两站是九品佛，紧接着是尾台山，这说明，因此山的存在，才有了等等力溪谷——

> 　　等等力是东京的一处名胜，从小豆豆上学的自由之丘，再往前坐三站，就到了等等力。那里有瀑布、小河，有茂密秀美的树林，被称为"等等力溪谷"，小豆豆他们就是要到那里野炊。

　　书中也有交待，等等力是一处名胜，是自然风光之所，如今被称为"等等力溪谷公园"，地处东京二十三区之一的世田谷区。而实际上的等等力溪谷，小豆豆应是在书中无法赘述，再加上后来增设的部分，让这个公园的内涵要丰富许多。

公园内有一座高尔夫桥，走下桥，接着再下阶梯，你马上就会置身于一个别有洞天的溪谷中。沿着谷泽川向多摩川的方向前行，你很难相信几分钟前还在城市之中：美丽的樱树和沁人心脾的新绿能令人联想到大自然的四季之美。全长一公里的溪谷，是谷泽川侵蚀武藏野高原南端形成的，也是东京二十三区中唯一的溪谷。

溪谷入口处的高尔夫桥，名字源于昭和初期在旧下野毛和等等力村有一个占地约八公顷的大型高尔夫球场。在溪谷左岸的悬崖峭壁上，还发现了六个以上建于古坟时代（250—592年）末期和奈良时代（710—784年）之间的墓穴。其中，1973年发现的第三号墓穴保留了典型的横卧式墓穴的形制，墓葬遗迹和随葬品均保存完好，因此采取了相应的保护措施。墓洞深十三米，内部形状像一个被劈成两半的木杯。因该墓洞群中的墓葬都有丰富的随葬品，后人推测，墓主应是武藏国荏原群后期统治等等力周边地区的有影响力的权贵。

1961年，在位于等等力溪谷谷泽川下游的等等力不动尊对岸还建立了书院以及日本庭园。庭园中的池塘、溪流和石阶由一位著名的景观设计师于1973年设计，里面还有一片阳光充足的草坪，常常被游客作为在溪谷中散步时的休息场所。

等等力溪谷的植被是日本白橡树和榉树的亚群种，铺延成为武藏野高原潜在的自然植被。林区主要由直径巨大的树木组成，沿溪谷斜坡连绵不断。泉水涌出的地方，则散布着湿地植被。

在孩子们身后,是著名的等等力瀑布。丰沛的瀑布水流发出强劲的哗哗声,节奏既激扬又优美。

这个落差两米的瀑布实际上应该叫"不动瀑布",该瀑布自古闻名,几百年来在洁净的溪谷中飞溅咆哮。无论是不动瀑布还是等等力这个奇怪的地名,均因"等等力不动尊"而来,但这些有关宗教与历史的部分不是小豆豆他们的兴趣所在,小林校长自然也不会用这些孩子难懂的东西打扰他们在大自然中亲手做饭、第一次咀嚼自己做的饭菜的乐趣。所谓世间最美好的画面,对于孩子们来说,应是莫过于野炊吧。

5. 洗足池与泉岳寺

洗足池，顾名思义，一定与洗脚有关，但哪位伟大的古人行过此举，留下怎样的佳话呢？

> 从洗足池方向吹过来的风，把排练场的音乐送到很远的地方。不时地，里面还夹杂着卖金鱼人"金鱼、金鱼"的叫卖声。总之，小豆豆非常喜欢这座有西洋风格的排练场。

从小豆豆在"排练场"一节中提到洗足池可知，两者相距不远，如今这个池塘已改名为"洗足池公园"。查阅地图就可以知道，洗足池位于东急池上线的洗足池站附近，介于该站与小豆豆的家所在的大井町线北千束站之间。池边有多处文化名胜与古迹，如胜海舟夫妻墓所、胜海舟纪念馆、洗足轩遗迹、妙福寺、千束八幡神社等。

洗足池是东京最大的淡水池塘之一，水源主要来自北千束的清水洼涌出的泉水。公园内仍保留着江户时代歌川广重画笔下的江户百景图——《千束之池袈裟悬松》中所绘出的水边景色：春天，樱花盛开；夏天，蜻蜓翩跹；秋天，红叶浸染；冬天，候鸟迁驻。

"洗足"的古地名为"千束"，在平安时代（794—1192年）晚期的文献中有记载。至于因何后来变为了"洗足"，有一种说法是，日莲从身延山久远寺前往常陆的途中，曾在洗足池休息并洗脚，因此得名。据传，日莲还曾在附近的一棵松树上披挂过袈裟，现在这棵松树也被保留了下来。

日莲即日莲正宗，也称日莲大圣人，可追溯到1253年，是他创立了"南无妙法莲华经"学说。

洗足池旁边还有一座妙福寺。那么书中专门有一节写的"泉岳寺"又在哪里呢？

> "今天是四十七义士报仇的纪念日，我们要步行到泉岳寺参拜。"
>
> ……
>
> 学生们虽不太清楚四十七义士到底是怎么回事，但可以不上课，带盒饭去比九品佛还远的地方散步，大家都非常兴奋。

关于四十七义士，书中有相对较为详细的交待。而泉岳寺可以步行到达，只是比九品佛远，但其实，从自由之丘到泉岳寺，比小豆豆他们兴奋之中想象的远得多，足有十二公里，要从目黑区到达港区。

泉岳寺全称万松山泉岳寺，1612年由德川家康在江户城附近所建，以纪念他儿时的好友今川义元。此后，它成为赤穗藩主浅野家的家庙。1702年，元禄赤穗起义之后，因赤穗四十七名武士埋葬于此，而逐渐声名远扬。

书中所提到的义士——天野屋利兵卫便是四十七名武士之一。他被俘后，无论如何拷问，只回答："天野屋利兵卫，是一个男子汉。"前往泉岳寺参拜的提议与带队的丸山老师并没有遭到小林校长的反对，虽然校长或许也知道孩子们未必懂得何为义士，但是，历史因生命的牺牲而来，勇敢的人才是一个男子汉，至少校长心里还是觉得有益于孩子的吧。

四

电车教室

1. 电车教室的电车是怎么来的？

被公立学校退学后的小豆豆来到了新学校，新学校里最让她惊奇的便是电车教室——

> 的的确确，那是真正的电车，一共有六辆，但已经不再跑了，停在那里当作教室的。

如前所述，这些废弃的电车来自巴学园某位学生的家长，该家长当时身居东京横滨电铁公司要职。东京横滨电铁公司在百年的历史进程中，曾有新与旧两家公司。旧公司1924年由武藏电气铁道更名而来，新公司则是在1939年收购目黑浦田电铁后成为事实上的主力公司。两家公司都由五岛庆太担任管理者。

小豆豆进入巴学园是1940年，于是我们有理由可以推测，六辆电车应该来自旧东京横滨电铁公司，也就是说，很可能是武藏电气铁道所使用过的电车。

《窗边的小豆豆》全书第一篇的起端便交待了,去巴学园要在自由之丘下车。而其实自由之丘这个车站的名字,与五岛庆太有着极深的渊源。自江户时代以来,自由之丘一带有许多的山谷与田野,所以当时附近的居民将此地称为"谷畑"。1889年,伴随着日本政府开始实行町村制度,此地由碑文谷与衾村合二为一成为碑衾村。1927年,从欧美考察回国后的手塚岸卫开始提倡自由教育理念,在碑衾村一带建立了自由之丘学园,"自由"二字开始在这里出现。此后,对"自由"有着深深共鸣的舞蹈家石井漠发起了自由运动,其支持者便是碑衾村的村长,该村长后与五岛庆太合议,将当时原本已经计划命名为"九品佛"的站名改为了"自由之丘"。

日本电车的历史始于1872年。但最先有路面电车的是京都,出现在1895年。东京则稍晚于1903年才出现电车,全盛时期一共有四十二条路线,总长达二百一十三公里。日本人对电车始终怀有一种情结,即便是一百五十年后的如今的孩子,仍有不少人依然喜欢旧式电车。现在还出现了一种铁道教育,其教育理念细致、多维且充满了智慧。该教育认为,对于铁道的学习与了解,是进入知识学习的入口,通过列车时刻表以及路线图,能让孩子初步了解数字与地理的相关知识。而被电车的形状、颜色、线路名称、车站名称等各种信息所丰富的铁道世界,更能锻炼孩子的记忆力、认知力、判断力、思考力等等。此外,常人很难想到的电车定时、准点地发车,这一最基本的要求，能够让孩子意识到遵守时间的重要性，以及社会规则与道德规范。

巴学园当时突发奇想，以废旧电车作为教室的人，想必也是一位电车爱好者，同时心里生发出让孩子像"一边学习，一边旅行一样"，他对孩子一定有着丰盛的理解与关爱。作为东京急行电铁创始者的五岛庆太，其一生除了贡献给铁道事业之外，还始终倾力于教育。1924年，五岛庆太将东京工业大学从浅草区（现在的台东区）迁移到目蒲电铁沿线的大冈山；1929年，他向庆应义塾大学无偿提供了日吉台的土地，于1934年开设了日吉校区；1931年，他又向日本医科大学无偿提供了武藏小杉站附近的土地；1932年，他还一手促成了将东京府立高等学校迁移至八云；1936年，他再向位于赤坂区（现在的港区）青山北街的东京府立青山师范学校提供资金援助，将其迁移至世田谷区。至此，他把整个东横沿线定位为学园城市。那么，他会不会就是那位为巴学园提供电车教室的大爱之人呢？

2. 电车教室的里面是什么样的?

小豆豆把手搭到电车教室的门上……和现在的电车不同,过去的电车门上有拉手,可以从外面打开。小豆豆用两只手握住门上的拉手,往右一拉,车门立刻就打开了。……车里有行李网架,车窗也全部是原来的样子。要说有什么不同之处,那就是把司机的座位换成了黑板,把电车的长椅子拆了下来,换成了小学生用的桌子和椅子,桌椅朝着电车前进的方向摆放着。另外,吊环扶手也没有了。其他的,无论天花板也好,地板也好,都是电车原来的样子。

这个由废弃的电车改成的教室给小豆豆带来的新奇感贯通了她的一生。她创作《窗边的小豆豆》时已是1981年,距离她第一次打开电车教室的门已经过去了整整四十二年,但那一刻的每一秒，在她记忆中都清晰得丝毫未曾褪色。

很遗憾，我未能找到八十多年前呈现巴学园电车教室内部的老照片，但通过复原后的电车教室，我们可以近距离地感受一下那种奇妙、让人蓦然心跳的氛围。

乳白色的车厢棚顶，圆球形的镶嵌式车灯，水蓝色的车厢厢体，行李网架上放着孩子们当年样式的书包，课桌上则放着花费了不少时间征集到的1940年至1949年间孩子们常用的月票夹、铅笔盒、算盘、显微镜、地球仪等。木制的小桌椅，刚好适合小学生的身高。桌斗相对狭小，所以课本等更多是摊放在桌面上。黑板是木框镶就的，仿佛能听到用粉笔写字时咯吱咯吱的声响。车门处的扶手犹在，哒哒哒哒地登上车厢门口的几级台阶，时光似乎从旅行感中瞬间转换成学习的空间，但那空间里丝毫不枯燥，没有固定划一的课程表圈住孩子活泼的天性。一抬眼，车窗处挂着的木钟还在提醒着孩子们，走进来，这里便是教室了。随意选择一个座位坐下，昨天坐两人并排的座位，今天坐独座，可能只是因为带了一本喜欢的绘本。阳光倾泻而入，四周的近处是花树，远处有稻田，无人不会因而生起真的在一边旅行一边上课的感觉。所以小豆豆暗暗决定："这么好的学校，我一定不缺课，每天都会来的。"

意外的是，在我仔细搜寻与电车教室相关的旧迹与老照片时，还似乎有了更为惊奇的发现：除了巴学园的小学在使用电车教室之外，巴幼儿园也采用了电车车厢作为教室。而且，幼儿园的孩子数量不少，不似小豆豆他们一年级才九人。不过，幼儿园的孩子不用上课，三四十人挨挤在长桌前，倒也热闹、祥和，也可见当时环境的不易，但孩子们都用惊奇的大眼睛望着镜头，似乎乱世如何，纯净的孩子是不懂的。好在，他们不懂。

3. 近百年后对电车教室的复原

《窗边的小豆豆》的封面及所有内页的插图选用的均是岩崎千弘的画作。千弘是一位画家，同时也是享誉世界的绘本大师。1974年过世后，在其东京的旧居，以及曾经居住过的长野县安昙野设立了她的个人美术馆，共收藏有近万张她的画作。小豆豆自幼便喜欢岩崎千弘的画，虽然二人无缘相见，却因写作、出版了《窗边的小豆豆》而"神交"并结缘，后成为岩崎千弘美术馆的理事至今。

其实，除了设立千弘美术馆之外，小豆豆一直还有一个心愿，那就是复原当年的电车教室，但是因已时隔七十多年，很难再找到同一模样、同一型号的电车，然而相关人员始终未曾放弃此事，一直在多方寻找。

正所谓念念不忘，必有回响。小豆豆多年的梦想，最终得以成真。2014年10月，两辆电车出现在宁静的日本北阿尔卑斯山脚下，出现在那片静谧的安昙野岩崎千弘美术馆的广场上。

那个广场也被命名为"小豆豆广场"。

2016年7月23日,电车教室的揭幕仪式在安昙野隆重举行,我也有幸与《窗边的小豆豆》的译者一同受邀出席。之前很多年,一直只在电视上几乎每天的同一时间出现的小豆豆,那日身穿宽松、硬挺而华丽的淡绿色洋装,站在电车的窗口与临窗的很多孩子一起,向车下的记者、民众招手致意。当宣传艺人们突然敲锣打鼓、舞蹈着欢快地出现时,只见小豆豆脸上洋溢起如孩童般的幸福笑颜。

有近百名记者从东京等地赶来参加揭幕仪式,再加上当地淳朴的百姓、孩子都蜂拥而至,只为一睹小豆豆——这位日本史上最有名的电视节目主持人、巴学园里最耀眼的那个孩子。顿时,素来清静的安昙野,热闹的人声仿佛响彻至远处的山峦间。

小豆豆的好友——日本著名导演山田洋次来了。岩崎千弘唯一的儿子——松本猛也来了。突然,我迎面款款而至三位年轻的少妇,或抱或推着三个幼小的孩子。三位少妇长得很相像,白皙的圆脸,弯弯的笑眼,除他们六人之外,旁边并无别人,但我还是非常敏锐地感觉到,她们应该就是岩崎千弘的孙女。后来,拜见松本猛时一问,果然是的。三个孙女,似乎就为了承袭祖母的美丽而来,然后为了祖母不幸的一生,而让自己活得更加幸福。其中的一个孙女,就在安昙野岩崎美术馆工作,每天陪伴着祖母的一幅幅或孩童或花儿的画作。

4. 复原后的电车教室长什么样？

复原后的电车教室一共有两辆。一辆叫"毛哈"（モハ）[1]，具体的型号为"毛哈604"，是1927年制造的；另一辆叫"德哈尼"（デハニ）[2]，具体的型号为"德哈尼201"，是1926年制造的。前者被改装成了当时巴学园里那个唯一的电车图书室，后者则变成了小豆豆他们上课的电车教室。这两辆电车，均是长野电铁赠送给安昙野松川村的。

有趣的是，复原后的电车教室基本上如当年的模样，甚至课桌上置放的小物，都找寻到了和久远当年的真迹一样的"古董"。而教室中的桌椅，则由长野县池田工业高中的学生们亲手制作，并复原了巴学园当时的桌椅的感觉。惊人的是，"德哈尼"竟然是罕见的铜质车厢。

通过原来的电车内部与复原后的对比，我们可以发现，其实原有的改装并不是很大——卸掉车厢长椅，拿掉吊环扶手，似乎骤然间便毫无违和感地成为了教室。也因此，会不禁让人惊叹，当初萌发这一想法之人的睿智。

电车教室揭幕的那一天，周边小学的孩子们全都欣喜盎然地坐在电车内，夏日的阳光从车窗外倾泻而至，看着他们的样子，似乎除了衣着之外，都仿佛回退至了八十多年前的巴学园的光影里。

读过《窗边的小豆豆》的人或许都还记得，"电车来了！"那一章节，写的是小豆豆他们如何迎接作为电车图书室的那辆车的到来。他们因为想象不出电车怎样被运到校园，所以决定睡在学校，半夜亲眼迎接这辆电车——

> "电车来了，我会叫你们的。"
>
> 听校长先生这么说，大家就来到礼堂里，裹着毛毯睡觉了。
>
> ……
>
> "来了！来了！"
>
> ……这时候，电车正好在蒙蒙晨雾中显露出它那巨大的轮廓。真像做梦一样！并没有什么电车轨道，就在普通的道路上，电车悄无声息地驶了过来。

---

① 这里采用了音译。日本的车辆名中的每个字母，都各有含义，对此有浓厚兴趣的人，可根据括号中的日语，去搜索它的含义。
② 同上。

这辆电车是从大井町的调车场由牵引车运来的。
……

那么,前面提到过的这两辆复原后的电车教室——毛哈与德哈尼——2014年被搬运到安昙野岩崎千弘美术馆的小豆豆广场时,也同样受到了如当年小豆豆他们那样的欢迎。那日的夜晚,当地的居民,还有《窗边的小豆豆》的粉丝们,一起如孩童般心怦怦跳着,仿佛看到了小豆豆他们当年那一幕的再现。

5. 当下的另一种"电车教室"

如果此时，你在日本雅虎上搜索"电车教室"四个字，会发现大量主要针对小学生的与电车或铁道相关的体验活动。例如，2022年7月，便有招募了十六组小学生与家长共同参与的"家庭铁道教室"，活动的地点在小田急研修中心与喜多见电车基地。活动的内容是由列车长、乘务员介绍他们日常相关的工作内容，以及体验怎么清洗电车。

甚至在1983年，日本各大铁道公司、各地政府、教育委员会、各党派，以及与教育相关的工作者们还共同成立了"全国儿童电车教室实行委员会"，一直在日本四十七个都道府县持续不断地开展"儿童电车教室"等活动。

现在的日本，已经进行了多年的教育改革，其目的是让学校与社会产生连接。更确切地说，意在培养当孩子未来进入社会生活后自身应具有的生存能力。未来已来，可预见那个未来的社会，将是被知识、技能、AI和机器人所取代的社会，因此，如今的教育有必要培养人类所特有的思考力、判断力、表现力、学习力，还有就是对人性本质的追求。

而一些教育工作者发现，"喜欢铁道的孩子会变得更聪明"，所以很多相关机构、家长愿意选择与"儿童电车教室"相关的活动，尤其是在假期。当孩子认识了电车，熟悉了铁道，再带他们坐上电车去远行，孩子的整个身心似乎都表现得更加雀跃，更加兴致勃勃。自然，这多少与日本是"铁道上的国家"有关。而此刻，让我不由想起日本风靡了三十多年、那张名叫"青春十八"的车票。那是一款超值优惠的车票，只要你年满十八岁，而且只能是十八岁，就可以带着这样一张车票，无限次地免费乘坐日本从南到北的电车，就像坐慢船一样——不可以坐"超速"的新干线和特快列车的，只允许坐普通电车。当一个青春十八岁的孩子，坐着一辆辆小火车，徐徐而行，一路是窗外别样的绝景掠过，那该是一种多么治愈的体验与成长啊。

于是在久长的岁月间，电车的咣当咣当声，成为电车教室一个永远不愿醒来的梦的背景音。

五

海的味道、山的味道

1. 海的味道

小豆豆上学的巴学园，午餐是要从家里带便当到学校去吃的。虽然当时是 1940 年前后的日本，但在全国的其他地方，已经有一些学校统一配给午餐，日文写作"给食"。

说到便当，似乎是日本餐食代表性的一种形式与传统，日文写作"弁当"。便当在日本起源很早，有一千两百年以上的历史。据传，五世纪时便已出现在旅途或者户外食用的便当了。史料中曾有记载，某某人从家里带来了"干饭"和饭团。"干饭"便是日本便当的始祖，是一种在蒸制米饭中加入味道的食品，通常浸泡在热水或者水中食用。

据传说，"便当"一词由织田信长命名。织田信长是十六世纪诞生的战国大名。他在自己的城堡里养活了很多兵士及家奴，是他首次将分发给每个人的简单餐点称之为"便当"。后来，到了江户时代又出现了豪华很多的"幕之内"便当。而明治时代，因火车的通车，更是出现了"驿便"，即在车站售卖的便当。可见，日本人对便当的喜爱与重视程度。

在《窗边的小豆豆》中，"便当"被翻译成了"盒饭"以适应中国读者的阅读习惯，特别是小读者。

当小豆豆第一次见到小林校长、还没有正式进入巴学园的那一天，便参观了学生们吃午饭的地方——

> 大家都坐好以后，校长先生问：
> "大家都把海的味道和山的味道带来了吗？"
> "带——来——了！"
> 学生们纷纷打开自己盒饭的盖子。
> "让我瞧瞧。"
> 校长先生走进桌子围成的大圆圈里，一个一个地看学生们的盒饭。

可见，小林校长每天都要检查孩子们带的便当，而且一说到便当，孩子们首先定会想到"海的味道、山的味道"。

那么什么是"海的味道"呢？书中也有介绍，便是鱼啦，红烧海味什么的。更简单的"海的味道"是紫菜。当家长无意间因疏忽在做的便当中少了"海的味道"时，校长先生会说："海！"校长夫人就会从海味的锅里取出两个煮的鱼肉卷放在便当盖上。

干鲣鱼也是书中提到的"海的味道"之一。日本四面环海，盛产鲣鱼，这种鱼是日本平民日常生活中最常食用的鱼，晒成鱼干后，易于保存，口感却十分有韧劲。

　　小豆豆进入巴学园正是 1940 年代初期，当时，日本尚未被席卷全球的金融危机波及，所以鱼以及红烧海味还能常常出现在小学生的便当中。而鱼肉卷是日本最为常见的一种鱼肉加工食品，日文写作"竹轮"。喜欢吃日本"关东煮"的人一定很难想到，那个直径约一厘米、长约二十厘米、里面有个小空心、外皮是白色鱼肉与煎烤焦黄夹杂的小粗棍棍就是书中所提到的鱼肉卷。而鱼肉卷的小空心，是制作时使用竹制筷子或粗竹签所留下的，故称之为"竹轮"。

　　其实，日本虽然是岛国，生活中不乏"海的味道"，但小林校长将"海的味道"置于"山的味道"之前，是为了特别强调要有富含蛋白质、钙、硒等营养成分的"海味"，家长们都懂得，他的内心的全部，只想着孩子们健康长大。

2. 山的味道

　　山的味道……比如说蔬菜啦，肉类（当然，肉并不是在山上得到的，不过大致区分一下的话，牛啊猪啊鸡啊都是生长在陆地上的，就归入"山的味道"里面）。

　　通过小豆豆的这般描述，我们可以知道，小林校长将除了海的味道、主食之外的几乎所有食物都视为"山的味道"，换句话说，也就是土地的味道。因为当时日本的主食以米饭为主，家长们自然不会忘记给孩子带上，所以"海的味道、山的味道"便是对菜肴的强调。

　　很有趣的是，大人们会很容易判断什么是小林校长所请求的一定要有"海的味道、山的味道"，但对六七岁的孩子来说，一些加工过的食品会常常混淆他们对食物的认识——

校长先生指着茶色的鱼松问：

"这是海里的东西，还是山上的？"

小豆豆盯着鱼松，"是什么呢？"要是从颜色看，好像是山上的，因为是土一样的颜色嘛。可是……拿不定主意。于是，她回答道：

"我不知道。"

的确，肉松和鱼松差别不大。肉松肯定是"山的味道"，而鱼松自然是"海的味道"。书中还提到，"山的味道"中最为简单的便是"梅子干"。估计很多中国读者并不知道梅子干在日本生活中的意义。

在日本人的便当中，那颗拇指般大小、呈玫红色的梅子干，在周围食物的烘托之下，如皇冠上最耀眼的明珠，却也是最酸爽下饭的存在。

梅子干顾名思义，是用梅子加盐腌制而成。它在日本流传了非常长的时间，主要用于饭团以及便当中。它非常酸，酸度主要来源于梅子本身，被视为酸味食物中最亲民的翘楚。每年的七月通常是腌制梅子干的季节。梅子一般六月左右成熟，当梅子与盐混合，并压以重石时，会挤出梅子中的水分，梅子干渐成。

小豆豆从小到老，最喜欢的食物中始终都有梅子干。虽然她更爱甜食，如西瓜、蛋糕、羊羹、冰激凌等，但酸酸的梅子干，或许是从小的记忆，也或许是全日本人的记忆。据说，小豆豆食量大于常人，而且吃饭很快，那么梅子干想必是她最好的下饭佐餐。

3. 爱的味道

小豆豆好不容易明白了什么是"海的味道、山的味道",不禁有些担心:"妈妈今天早晨匆匆忙忙做出来的盒饭,会不会有什么问题呢?"可是,一打开盒饭的盖子,小豆豆差点"哇——"的一声叫出来。因为这实在是一个绝妙的盒饭,漂亮得让人目瞪口呆!黄色的煎鸡蛋、绿色的豌豆、茶色的鱼松,还有炒得松松的粉红色的鳕鱼子,五颜六色的,看上去像花圃一样漂亮。

小豆豆的妈妈匆匆而就的便当都如此精心搭配、花样丰富,这使我觉得,食物的每一种颜色,其实呈现的都是妈妈爱的味道。

可能很多读者曾耳闻,日本女人出嫁后多会辞去工作,在家专心相夫教子,尤其是小豆豆那个时代,婚后进入职场的女人少之又少。而那时，丈夫与孩子的午饭，通常是妻子、妈妈亲手制作的爱的便当。如果妈妈做饭的手艺足够好，倾注的爱足够多，做的便当足够漂亮，那么孩子在同学面前，丈夫在同事眼里，是绝对会被人羡慕，甚至嫉妒的。所以，如果有一个擅长做饭的妈妈，那么在孩子童年乃至一生的记忆中，便能心中永怀着妈妈的味道。

妈妈们的手作便当，在日本，还被称为"爱的便当"。老师以及其他教育工作者都会认为：午餐，妈妈的爱的便当最好吃！充满了爱的便当，是孩子最好的营养。

妈妈的爱的便当，在日本传承了很多年，俨然已经成为妈妈倾注爱予孩子的最好的表达，包括大明星妈妈们也不例外。比如女演员石田光，就曾经为自己的两个女儿做了十六年的便当，从幼儿园时起，她自述："夏天是与消耗的斗争，冬天是与起床的斗争。漆黑的冬天的早上，远处闪耀的灯塔和大海对面的山谷鼓励着我，就这样不间断地坚持了十六年……"而她的这份辛勤付出的爱，想必当她的女儿们长大也成为母亲之后，一定会将这份爱传递下去。

那么小林校长为什么会发明"海的味道、山的味道"这种高度准确而精炼的"指令"概括呢？其实也是因为发自内心的对孩子们的爱。他希望孩子不要偏食，要营养均衡。而偏食的说教，对一个孩子来说，会复杂到如天言宙语，若是直接说，要有蛋、奶、肉、鱼及蔬菜，在众多的可选品种之中，家长会迷惑，孩子也会觉得，那么多蔬菜，不喜欢胡萝卜的话，也无所谓吧。但小林校长这种智慧而有趣的说法，却会使孩子们觉得，"海的味道、山的味道"都是一定要吃的味道，是让校长先生高兴的味道。

为了让孩子们能好好吃饭，校长先生还发明了"好好嚼"的《饭前歌》——

> 好——好——嚼啊
> 把吃的东西
> 嚼啊，嚼啊，嚼啊，嚼啊
> 把吃的东西……

作为一位校长，将百般心思花在如此让孩子好好吃饭上，若不是自灵魂深处挚爱着孩子，又怎会这样呢。

巴学园时代，虽然还没有陷入饥荒时期，但也远远没有富裕到1960年代经济开始崛起后的生活，所以校长为了不让家长为难，还特意强调"不要太勉强""不要太奢侈"，只要是有，便好。若孩子的妈妈们一时很忙，准备的盒饭中只有"海的味道"或者只有"山的味道"时，也一点儿不用担心——

> 因为在过来看盒饭的校长身后，跟着校长夫人，夫人系着白色围裙，两只手里各拿着一个锅。每当校长先生看到没有带够菜的孩子，就说：

"海!"

于是校长夫人就从放海味的锅里,取出两个煮鱼肉卷,放在饭盒盖上。如果先生说的是:

"山!"

夫人就会从另一个放山味的锅里,取出一块煮山芋。

就这样,如一段极其兴然的短视频场景一般,与海和山相关的味道,永久铭刻进了巴学园的孩子们的心中,也让后来读到《窗边的小豆豆》中文版的读者,有了对这本书印象最深的一句话——"海的味道、山的味道"。

4. "海的味道、山的味道"的传承

日本十多年前的3·11大地震,让人们永远记住了福岛。其实除了福岛县,宫城县同样受灾严重,也让我第一次知道了"气仙沼"这个渔港小镇。常住人口六万多人的气仙沼,在大地震中有一千两百人遇难,两百多人失踪;等它再次重生复苏时,网站的首页上便是以"海的味道、山的味道"在推广他们当地的特产,最感人的却是他们手中捧着"味道"的笑颜。

气仙沼的"海的味道"有:牡蛎、剑鱼、岩崎盐、裙带菜和海藻等;"山的味道"有:草莓、柚子、葱、姜等。

可见,《窗边的小豆豆》中"海的味道、山的味道"(海のあじ、山のあじ)一直留存于人们的内心,因为它的定义虽然朴素,却也格外独特。其实,书中日语的原文若直译应为"海的东西、山的东西",而译者的独到之处便是予以了升华。

最近,当我在东京某小学的午餐食谱上看到他们依然在延续"海的味道、山的味道"之时,我仿佛觉得小林校长,还有他

的巴学园，正在云端深处安然微笑地看着他们留存世间永不会消失的淡静与美好。这所小学这样对学生们说：海的味道，就是在海里收获的食物；山的味道，就是在田野和山上得到的食物。今天学校的午餐中，海的味道是"鱿鱼"，山的味道是"大米、牛奶、蔬菜"等。

其实，"海的味道、山的味道"最好的传承来自几乎遍布全日本的幼儿园、中小学的午餐"给食"制度。这项日本政府支持与关注了百余年的"给食制"照顾到了学生的营养，解决了妈妈为"爱的便当"付出的劳作辛苦，无形中更缩减了学生之间因贫富差距造成的便当攀比，将在学校里会伤及孩子自尊心的一面如统一着校服般予以了人人均等的感受。

"给食"一词意为向特定人群提供系统且连续的膳食。据说，学校的"给食"起源于1889年，当时日本山形县鹤冈町的私立多田爱小学向贫困家庭所提供的午餐——饭团、烤鱼、腌菜等，为学校"给食"的首创；1944年，日本开始在六个主要城市为大约两百万小学生提供学校午餐——米饭、味噌汤等。

1945年，政府颁布了《给食法》，并于2004年建立营养教室制度，2005年颁布了《食育基本法》，进而于2008年修订了《学校给食法》，开始明确规定，应利用学校的午餐促进食物教育。

总之，无论是"海的味道、山的味道"，还是"给食"，注重的都是孩子的营养与健康成长。但在同样的重视之中，最具智慧的还是小林校长。就如小豆豆的妈妈所感受到的、所敬佩的那样:"能够把想说的话,如此简单地表达出来,这样的成年人,除了校长先生之外,没有第二个了。"

5. 小林校长的"食育法"

书中这美妙的"海的味道、山的味道"至今还常常被使用在对孩子的"食育"教育中。教育者会将孩子们组织在一起，让他们体验吃午餐的乐趣，感受吃"海的味道、山的味道"的重要，以及慢慢咀嚼的益处，并伴随着午餐时间的推移，让每个孩子各自以有趣的方式谈论各种事情，进而培养他们重视食物的素养。在类如这样的"食育"教育活动中，组织者会先让每个孩子说出自己喜欢的食物、不喜欢的食物，然后一起讨论为什么巴学园的孩子无比期待午餐时间。答案虽然五花八门，但他们的内心都充满爱与理解的美好情感——因为巴学园里有"海的味道、山的味道"；因为巴学园的家长们在努力为自己的孩子做便当；因为如果没有"海的味道"或者"山的味道"，校长先生和太太会把没有的东西加到孩子的便当里；因为没有喜欢与不喜欢；因为他们知道那是校长先生对他们的期待；因为他们可以在吃饭时，说笑和谈论各种事情；因为他们能好好嚼、好好吃饭……如此这般，孩子们会渐渐忘记书中对食物的描述，开始倾注于各种深层次的思考。

然后他们还会介绍自己在生活中是怎么吃饭的，再将自己的学校与巴学园对比一下。随后继续讨论一顿饭的重要性，珍惜做便当的妈妈的感受，懂得生命是食物所赋予的事实，记住食物养育了自己的身体……这一切便使"食育"达到了目的。

其实"食育"最为根本的是要认识食物。当孩子们雀跃地讨论着、研究着某种东西到底是"海的味道"还是"山的味道"之时，他的心中已然对那种食物产生了莫名的兴趣，自然更想尝尝。这样的时刻，食物已经不仅仅是果腹的东西，在孩子大脑的想象中，它们生发出美丽的味道，甚至还联想到泥土的芳香、大海的熏风。

1896年，日本著名养生学家——石塚左玄最早提出了"食育"一词，而后经过百余年，2005年日本颁布了《食育基本法》，将其作为一项国民运动，以家庭、学校、保育园等为单位，在全国范围内进行了普及与推广。该法以国民通过对食物营养、食品安全的认识，以及饮食文化的传承、对食物的感恩之心等，来达到"通过食育，培养国民终生健康的身心和丰富的人性"这一目的。

而在中国，也有类似的"食育"运动。以"食育"推动计划公益项目为例，它起源于2012年底，以食育课堂的形式相继在小学开展，专注于解决儿童对零食的不良选择、食物浪费、不健康饮食行为习惯，以及饮食文化与礼仪缺失等问题，帮助孩子从小成为自己健康生活的主人，成为热爱生活、好好生活的人。

我想，当读过《窗边的小豆豆》这本书的孩子长大成人，有了自己的孩子之后，他们定会在厨房里，偶尔想起要为孩子做有"海的味道、山的味道"兼具的佳肴。

六

宣传艺人

1. 一心想当宣传艺人的小豆豆

小豆豆被退学，一部分原因是由于宣传艺人。而且就连书名《窗边的小豆豆》中的"窗边"，也与宣传艺人有关——宣传艺人来到教室附近，她便离开自己上课时的座位，走到窗边，与他们互动、打招呼，因此惹怒了老师。甚至，小豆豆多次变化的"长大后的心愿"，也曾经又回到"宣传艺人"身上。

> 之后，她就离开桌子，站到窗边往外看。……哪知道，小豆豆突然朝外面大声叫道："宣传艺人！"……就这样，过路的宣传艺人们听到招呼，就来到了教室跟前。小豆豆高兴地对教室里的学生们叫道："他们来啦！"正在上课的小学生们呼啦一声全部向窗子拥去，嘴里都大叫着："宣传艺人！"

可见，小豆豆以及几乎所有的孩子，对宣传艺人都非常感兴趣。尤其是小豆豆，甚至为此甘愿放弃做间谍和因喜欢电车而想当售票员的理想。但这是为什么呢？其实因为，宣传艺人是太过特殊的一个群体。他们自己欢乐的样子，能给观看者带去更多的喜悦，虽然他们的目的是做广告宣传，可在小豆豆看来，那就是一场盛大、欢快、热血的演出。小豆豆实在太喜欢宣传艺人了，即便要转学，她首先问妈妈的也不是"为什么"，而是"新学校里，也会有很棒的宣传艺人路过吗"。

的确，小豆豆对宣传艺人的这份喜爱十分特别。数十年来，当我每每在电视屏幕上看到她，语速快到像蹦豆子一样，嘴角总是上扬着，华丽服饰的一丝一缕都透射出热情，我总会想象，如果小豆豆当上的不是电视节目主持人，而是命运转角般让她做了宣传艺人的话，她一定是那个小群体中的"班主"，是走在队列之前的那个最能感染别人、最亮眼的女孩。

犹记得2016年，电车教室在岩崎千弘美术馆的小豆豆广场被复原，我去日本长野县的安县野参加揭幕仪式。当小豆豆与孩子们在电车教室的窗口探出身向众人招手之时，骤然出现三名身着艳丽华装的宣传艺人，她的笑颜开始满溢着激动，眼中似有泪花，那一刻，她一定是想起了自己小时候的理想，恍惚间返回到七十多年前的那个自己。

咚咚咚的鼓点，随着欢快的节奏，跳踏与摇摆着的宣传艺人将揭幕仪式推向了高潮，也把在场的所有人带回到巴学园的时光。即便当时的数百位众人中，只有小豆豆经历过那梦幻一般美好的日子，但当电车教室、宣传艺人真实地出现于眼前，我与众人都在那一瞬，感觉自己也成为了那个消失半个多世纪的巴学园中的一名小学生。

2. 日本宣传艺人的由来

"哎,给我们表演一个吧。"

艺人们经过学校的时候,本来是把乐器声都停下来了,可是难得小学生们这么恳求,他们就又开始了盛大的演出。顿时,单簧管呀钲呀鼓呀,还有三弦什么的一齐响了起来。

……

总算一曲终了,艺人们走远了,小学生们纷纷回到座位上。可是,令人吃惊的是,小豆豆仍然站在窗边不动。老师问:"为什么还在那里呢?"小豆豆非常认真地回答:

"要是再有别的宣传艺人过来,不跟他们打招呼可不行啊。而且,刚才的艺人们又回来的话,我不在怎么行呢?"

宣传艺人在日本有一个专属的名字,叫"謦咚屋"(チンド

ン屋)。"謦咚"没有特殊的意思,其实就是乐器发出的一种声音,类似于中国乐器所表现的"丁咚锵"。

宣传艺人通常是三人或五人组成的小团体,他们身着华丽的演出服饰,一边演奏乐器一边在街上行走,其目的是广告宣传。

他们使用的乐器中,一定会有太鼓和锣,"謦"是锣发出的声音,"咚"则是太鼓。"謦咚屋"的形式发生过多种演变,到昭和初期(中国的民国时期)为止,通常是一个人在街上表演与游走,同时嘴中念念有词,被称为"东西屋"。此外,还有专为庆祝店铺开张而存在的"广目屋"。之后,因为有声电影的出现,那些曾经为无声电影伴奏的乐手一众失业后也加入了这个行业,所以小豆豆时代的宣传艺人团体中,又出现了西洋乐器的单簧管或萨克斯。他们手中还拿着写有广告语的旗子或传单,且组合自由,常常也会出现只有两个人的小团队。

"謦咚屋"的鼻祖始于大阪卖糖果的商户"饴胜"。1845年,饴胜以吹响竹笛以及大声叫卖的方式宣传与售卖,并广受顾客的喜爱,后来用这种方式做营销的群体便被称为"东西屋"。此后,东京的"秋田柳吉"又将乐队加入此种营销方式中,被称为"广目屋"。到了明治中期,"广目屋"传入大阪,以致"东西屋"也开始使用乐队。1898年,"东西屋"在日本的沼津、广岛、冈山、伊势路等地区进行了四十三天的"狮子牙膏"

的巡回广告宣传，轰动一时。直至明治末期，广告开始以报纸为主体，"东西屋"与"广目屋"逐渐式微，并由城市向乡村转移，而后被"馨咚屋"取代。

1934年，室生犀星在《中央公论》中发表了《馨咚世界》一文，"馨咚屋"从此广为人知。日本进入1950年代后，因经济快速发展，"馨咚屋"再次受到关注，并迎来了全盛期。1950年左右，随着商店的大量开业、商品数量的急剧增多、电影宣传的强烈需求等，"馨咚屋"再度闪亮登场，拥有十人以上的"馨咚屋"也开始出现，极盛时期从事"馨咚屋"行业的艺人超过两千五百人。到了昭和30年代后半期（1960年代），电视开始在一般家庭中普及，"馨咚屋"的数量慢慢减少。至昭和后期（1980年代），电子广告牌、电线杆广告、纸巾分发广告等各种各样的室外广告纷纷出现，致使"馨咚屋"的数量锐减。据说，目前日本从事"馨咚屋"工作的只有五十至六十人左右。

3. 宣传艺人所使用的服装与道具

《窗边的小豆豆》中提到宣传艺人所使用的乐器有单簧管、钲、鼓（太鼓），还有三弦，但除了这些，筱笛、铜锣等也常会出现。

筱笛是日本一种传统木管乐器，由川竹（又称苦竹、筱竹）制成，上开有吹口和指孔，内面涂有漆与合成树脂，是一种构造简单的横笛。日本传统艺术中常略称为笛或竹笛。而宣传艺人们所使用的众多乐器中，尤以太鼓或者鼓最为常见。许是因为它的声音隆重，节奏在自由舒缓中最为欢快，咚咚咚咚咚咚，仿佛能敲响人类心底向悦的华章，无论孩子还是大人，都最爱太鼓。

太鼓的鼓身，由木头或金属等坚硬的材质制成，呈单面或者双面；鼓面通常镶用动物的皮革等膜状薄物，强力拉伸后固定于鼓身。日本太鼓的形制与样式非常多，但基本上分为三种类型——大的圆框形、锅形以及筒形。其中筒型的种类最为繁复，又进一步分为圆筒形、圆锥形、沙漏形、小球形等。太鼓有大有小，小者鼓面如碗碟，大者直径近两米。但因为宣传艺人们要背着乐器一边演奏一边在街上行走，所以用的大多是可以背得动的中小型太鼓。

此外还有铜质乐器——钲。钲缘起于中国，形似钟但狭长，带有可以手持的柄，古代时常在军队行军时使用。三弦同样源自中国，也称三弦琴，后传到日本。三弦先是传入琉球，发展成三线；三线再传入日本，发展成三味线。当然，在日本也有把三味线称为三弦的习惯。

乐器演奏是宣传艺人们的重要标志，但其实他们吸引街人围过来观看的目的是他们手中招摇持有的"广告内容"。他们这种特殊的营销方式对于吸引商店周围的行人非常有效；在分发商店传单的同时演奏太鼓等乐器，算得上是一种非常活跃的促销方法。

与此同时，宣传艺人们并不单单只用声音来助兴与取悦观众，他们的服装也是花哨、夸张，甚至戏谑的。他们还颇为喜欢穿越到古代，比如平安时代、镰仓时代（1185—1333年）等，但最主要的着装特色还是江户风，然后再回到这一表演形式最盛的大正时代。直到现在，他们大多还是身着和服，却无论色彩还是花纹，都异于常服，似乎越艳丽、越大胆便越能给人带去欢感与喜庆。

4. 宣传艺人不只会做广告

宣传艺人虽然最初起始于行走的广告宣传，但后来在多种场合都出现了他们热烈、欢快的身影。当然，他们最常出现的还是街头。当有新店开张、新商品上架、商品打折等商家的信息想广为人知、招揽顾客时，他们便闪亮登场了。他们以当地居民、工薪一族、公司白领、有潜在购买需求的客人为对象，"由人向人"地直接传递相关信息。

此外，当地的其他各种活动中也会不时地出现他们的身影。当政府做交通安全、防灾知识、选举投票等推广活动时，常会邀请宣传艺人们走在活动队列中。他们的表演活泼而亲切，让人视觉冲击力倍增，使得参与者与观众都会自然地露出笑容，这便是他们的魅力所在。

甚至相关的节日庆典上，也同样需要他们。宣传艺人们无论走到哪里，从婴儿到九旬老人，没有人不喜欢他们；从当地的节日到购物商场的活动，他们总是最热闹的那个中心点。他们能出现在宽敞的会场中，也能翩然走到街头巷角。他们是不插电的"乐队"，可以无处不在。

新人婚礼和各种派对，也是他们的秀场。在老人院和福利院，他们则更加受欢迎。是他们，给沧桑的老人和痛苦的残疾人带去了欢乐。

宣传艺人们在表演时，并非随意、自由发挥自己的即兴创作，而多会演奏固定的曲目。他们最常用的曲目是创作于1902年的《美丽的天然》，此外还有《竹雀》《千鸟》《四丁目》等等。

在日本，宣传艺人是永不消失的快乐之源，他们去学校的体育馆，向全校的师生介绍自己，公演结束后，还会在午餐时间走进教室，与孩子们更近距离地玩乐。而民间也始终没有忘记或嫌弃他们——每年会举办两次全国锦标赛，被称为"全日本謦咚大赛"。2014年起，他们更是走向了海外，参加了意大利米兰世博会，在意大利广场和威尼斯的街头，謦咚舞动起来。他们还去了英国、法国、越南、乌克兰……甚至到美国巡演了一个月。

而此刻，时光流转至2024年，对于五十岁以上的日本人来说，宣传艺人们已被雕刻成了一种怀旧的情结。常常有年纪大的人还会回忆起自己小时候，跟在宣传艺人的身后，边玩耍边一起喊："我在为某某商店做活动！"宣传艺人们异色而活泼，深深镌刻在了他们的童年记忆中，并感染着当时周围的人，关注与记住了某某商店。此时的日本，当已经颇为罕见的宣传艺人们再度出现在商店以及住宅街区时,很多游客都会聚拢过来,当地人则会出现在自家窗口,有人会问邻人"这是什么",有人会脱口而出"好让人怀念啊"。如此,宣传艺人的人数虽然变得极为小众,但他们依然浓烈地活跃在新的时代中。

5. 中国有类似的宣传艺人吗？

每每看到日本宣传艺人的影像、图片以及真人表演时，都会想到中国婚丧嫁娶中的民间乐队，以及正月时的舞狮表演等。与宣传艺人助宣的目的不同，在中国，这一般都是助兴或烘托气氛的存在。

中国的西北地区，如甘肃的农村，现在婚丧嫁娶时依然会请乐队。他们称乐队成员为"乐工师傅"，将乐队称为"吹响"。宴请者会为这些乐工师傅搭一张小床，他们便坐在那上面演奏。乐队一般由四人组成——两个唢呐手，一个鼓手，一个钹手。鼓与钹都与日本宣传艺人所使用的相近，唢呐却是中国独有。特别值得一提的是，他们偶尔还会使用由三面小铜锣组成的打击乐器，而日本的宣传艺人通常也一定会有，但以一面铜锣居多。

宣传艺人一般会演奏作词、作曲家们创作的歌曲或谣曲，听者一般都觉得亲切，但中国西北的"吹响"演奏的多为流传民间的歌谣，或自己创作的曲调与歌词。这些歌谣的内容比曲调似乎更重要，有劝善劝孝的，有喜庆的，也有催人泪下的。

如果说，宣传艺人能让人马上想到鼓声，那么中国的民间乐队则即刻会令人联想起激振人心、高昂悲凉的唢呐。在中国的明清时期，民间存在着很多唢呐班子。数百年来流传着此刻已经失传的一句俗语：唢呐一响，黄金万两。这些唢呐班子的成员基本上是农民，在农闲时吹响唢呐，赚些比田间挥汗稍清闲一点的外快，以补贴家用。

当唢呐在黄土高原上吹响，仿佛农民在向天与地倾诉。据传，唢呐发明于战国时代的先秦，唐朝时进入宫廷，随后走向民间，明清时期真正在百姓人家扎下根土。而日本的太鼓也起源久远，但无谓民间与朝堂，几乎无所不在。

令人稍安的是，与日本现今依然存在着"馨咚屋"一样，中国的民间乐队在新世纪如旧存续着。但他们已与生计无关，也渐渐脱离了助兴婚丧嫁娶的形式，开始以自娱自乐，或者给旁观者带去欢乐为本宗。

话题回到小豆豆。入学巴学园之后的她，似乎在新学校里并没有再次看到很棒的宣传艺人们路过。我想，或者电车教室里的新奇与丰富，让小豆豆再也无暇顾及窗外；或者巴学园远离人街闹区，宣传艺人们不会出现在那里。总之，巴学园的生活已经填满了小豆豆的全部兴趣与好奇所在，她渐渐遗忘了曾经想当宣传艺人的理想，但是我们足以在她长大后长年伫立于舞台上表演、常年出现在电视屏幕上，联想到她那份展示自我的内心欲望或者就是因宣传艺人而起，也说不定呢。

七

韵律操

1. 韵律操的起源

"怎样才能教育孩子们，不要用耳朵听音乐，而是'用心去听、去领会'呢？孩子们听音乐的时候，感受到的不应当是没有生气的教育，而应当是跃动着的、充满生气的音乐……怎样才能唤醒孩子们的感觉呢？"

经过长期的思索，达克罗兹先生终于发现了一种叫作"韵律操"的东西，这是从孩子们自由自在蹦蹦跳跳的动作中获得灵感，创作出来的。

达克罗兹（1865—1950年）出生于维也纳，是瑞士一个很独特的作曲家和音乐教育家。他通过在运动中获得的学习音乐的经验发现了音乐学习方法论之一的韵律操。

达克罗兹曾在维也纳音乐学院学习，师从安东·布鲁克纳，后又进入巴黎音乐学院，师从马蒂斯·吕西。1886年，在阿尔及尔工作时，他受阿拉伯民族音乐节奏法的启发，提出了韵律操的概念，随后在日内瓦音乐学院工作期间，构建并发展了其理论与实践。1910年，他在德国德累斯顿郊外的赫勒劳创立了自己的学校。1915年，他又到日内瓦开设了另一所学校。1925年左右，德国音乐学校开始采用达克罗兹的音乐教育理论，以此为契机，韵律操在世界范围内普及开来。

达克罗兹的音乐教育理论的基础是：通过运动教授音乐的各种概念，通过用某种动作及其相似的动作来表现音乐的概念，获得关于音乐表现的一种自然的感觉。他认为，将身体本身变成一种调音良好的乐器，最适合掌握准确且鲜明的音乐基础。达克罗兹理论由韵律操、视唱练耳、即兴演奏三个要素组成。根据达克罗兹的说法，这三个要素结合在一起，是成为音乐家的基本条件。

而韵律操在教育孩子的过程中，能切实地帮助孩子：

（1）提高注意力

孩子随着音乐的变化活动身体时，需要集中精神来听声音，所以作为提高注意力的训练非常有效。另外，用动作和舞蹈来表现对声音的印象时，也会让孩子的大脑按顺序思考，从而获得"内在集中力"。

（2）提高交流能力和协调性

孩子配合周围的人做同样的动作，和同龄的孩子组成团队，在体会到共同创造快乐的集体活动中，自然而然就能生发出社会性，并提高交流能力和协调性。

（3）掌握基础的身体能力

从幼儿期开始，配合音乐的节奏进行体操和双手动作的训练能够提高孩子以反射神经为主的身体能力。实际上，学习跳跃的时候也需要节奏感，就这样，孩子在获得节奏感的同时，还提高了运动能力。

2. 小林校长对韵律操的运用

在礼堂的小讲坛上,校长先生弹着钢琴,小学生们合着琴声的节奏,从各个位置开始走动。怎么走都可以,但如果逆着人流走,会和人相撞,那就不舒服了。所以,大家要尽可能地绕着同一方向走,也就是成为一个环形,但不要排成一列,而是自由流畅地走动。同时,孩子们听着音乐的节奏,到了"二拍"的地方,就像指挥家那样两只手大幅度地上下挥动,打一个"二拍"的节奏。走动的时候,不要把脚踩得咚咚响,但也不要像跳芭蕾舞那样脚尖着地。先生的话是这样的:"仿佛是在拖着大脚趾走动,身体轻松自由地摆动,有这样的感觉就好了。"归根到底,最重要的是要自然。

这就是小林校长在巴学园让孩子们跳韵律操的实景。而其中我们能注意到两个关键词:"自由"和"自然"。其实,每个年龄段的孩子跳韵律操均有不同的跳法，小豆豆他们已经是小学生，要复杂得多，而幼儿园的孩子则会更加自由与随性。

未满两岁的孩子还很难配合音乐移动，所以让他们听各种各样的音乐、让他们感受声音和节奏即可。像给婴儿按摩那样，父母配合节奏来抚触孩子，亲子的身体接触是最重要的。它也被称为婴儿韵律操。

两三岁的孩子，语言和身体能力已经开始发育，可以根据老师的指示即兴表演。这个年龄段的孩子，也是应该增加自发性地表现自我的时期。除了让孩子一个人跳舞和唱歌之外，还可以和其他小朋友一起组队欢跳。

四五岁的孩子，躯干已经很结实，可以学习用迄今为止还不会做的动作来表现自己的乐趣。这时的他们容易辨识音阶，应该教他们掌握乐器的演奏和节奏，扩大想象力和表现力的范围。

由此可见，韵律操的难度是随着年龄增长不断加大的，到小豆豆他们跳韵律操时，已经要随时跟着拍子而舞动与变化。

> 当节奏变成三拍的时候，手也要大幅度挥动，打出三拍的节奏，同时脚的动作也要合着拍子，一会儿变快，一会儿变慢。两只手像指挥家那样，上下不停地变化，一共可以达到六拍。比如说，如果

节奏是四拍的话,手的姿势就是:

"放下——转一圈——从侧面抬上去。"

如果是五拍的话,则变成:

"放下——转一圈——伸到前面——向旁边平伸——抬起来。"

3. 韵律操还被应用在了哪些领域？

韵律操的应用很广泛，不仅涉及音乐教育，还涉及戏剧，现代舞等舞蹈，以及体操的基础教育，甚至音乐疗法、残疾儿童教育等。日本是在大正时代引入韵律操这种教育方法的。小林宗作和天野蝶是其先驱。据说，在日本音乐教育的启蒙者中，作曲家、指挥家山田耕作也亲自拜访了达克罗兹，受到了很大影响。第二次世界大战后，在美国学习的板野平（1928—2009年）也开始致力于韵律教育的普及和发展。

《窗边的小豆豆》中这样写道——

> 日本受到达克罗兹影响的人还有不少，以山田耕作先生为首，还有现代舞的创始人石井漠、歌舞伎的第二代传人市川左团次、新戏剧运动的先驱者小山内薰、舞蹈家伊藤道郎等。这些人认为韵律是一切艺术的基础，他们都向达克罗兹先生学习过。

但是，尝试着把韵律学应用到小学教育中去的，小林先生是第一人。

的确，日本在"二战"后，开启了音乐教育变迁的重要时期。因为制定了新宪法，使得教育制度、教育政策、教育方法、教育内容等方面的改革也重新开始实践与讨论。1947年，日本文部省颁布的"学习指导要领"中强调了音乐教育的艺术性，这是之前从未有过的。新的教育观念渐而得到重视，其中包括重新认识韵律教育。许多曾经受到小林宗作、天野蝶等人指导过的幼儿教育领域里的教师纷纷开始了韵律教育的实践。同时，由于新的人物——板野平的出现，使得韵律教育获得了引人注目的发展，他后来还把韵律教育从幼儿拓展到了大学教育领域。

曾经的音乐教师板野平在纽约的达克罗兹音乐学校学习了五年，取得了韵律教学的国际许可证书。回国后，他和小林宗作共同致力于从幼儿教育领域到大学教育领域的韵律教育普及活动。1962年，音乐教育领域中最具重要意义的事件出现了——在板野平与小林宗作的共同努力下，国立音乐大学设置了教育音乐学科，其中包括了韵律专业。

板野平除了在国立音乐大学里举办有关韵律的讲座之外，每年夏季还在多所大学、各大城市举办讲习会，并通过日本NHK电视台向全国推广韵律操。他的有关韵律的著作也被大量出版。1965年，板野平等人设立了全日本韵律音乐教育研究会，并发行会刊。

随着日本参加海外韵律教育国际会议以及报名欧美暑期研讨会的韵律学习者的逐年增加，有关韵律教育的研究和实践越来越多，视野也越来越深远。1973年，日本设立了达克罗兹音乐教育研究会，这是从国立音乐大学中发展起来的组织，现已成为以深入研究达克罗兹理论为目的的研究会。

4. 现今韵律操的模样

韵律操是让孩子在愉快地与音乐接触之时所使用的一种教育方法，既提高了孩子基本的音乐能力，还能让孩子充分吸收身体、感觉、知识等今后将接受的所有教育，促进每个孩子各自所拥有的"潜在的基础能力"的发展。

韵律操的目的是培养孩子人格形成的三大要素：

（1）心：好奇心、探索心、竞争心、向上心、自立心；

（2）力：注意力、集中力、理解力、判断力、表现力；

（3）性：社会性、协调性、感受性、积极性、创造性。

1988年，岩崎光弘（1944—2019年）在日本创立了韵律操研究中心，至今已有近四十年。岩崎光弘毕业于国立音乐大学教育科第二类，师从上文提到、后来成为国立音乐大学名誉教授的板野平。他自年轻时起便被韵律操的理念所打动，此后始终以韵律操为音乐教育的目标，于1970年设立了韵律操音乐学院。1976年和1989年，他两次远赴欧洲考察韵律教育现状，切身感受到了韵律操需要进一步普及的必要性。随后，便创立了韵律操研究中心。该中心在日本目前已有一千三百个得到资质认可的培训教室。

而将韵律操更加发扬光大的则是斋藤公子（1920—2009年）。斋藤公子是日本的学前教育实践家，1939年毕业于东京女子高等师范学校保育实习科专业。1956年创设樱花保育园，1967年创立樱桃保育园。她的保育实践在日本学前教育界影响颇深，普及范围甚广。在长年的婴幼儿保育实践中，她开发出了体能韵律游戏，主要以韵律操的形式刺激幼儿的感觉神经，从而促进大脑中枢神经的发育。斋藤公子开发的韵律游戏以律动、自由表现与新游戏、韵律操三种原型为基础。

日本第一位提出律动概念的是石原菊（1884—1967年），这是他在美国哥伦比亚大学学习后带回日本的一种身体表现，主要是让孩子配合音乐的节奏用身体来表现喜欢的动物和自然现象，以促进自身的骨骼、肌肉、关节、神经系统的发育。提出自由表现与新游戏概念的是活跃在幼儿教育和女子体育领域的户仓春（1896—1968年），随后仓桥惣三（1882—1955年）将其进一步具象化，通过自由表现的即兴音乐让孩子模仿动物的行为举止，最终变成模仿周围的人。

斋藤公子的体能韵律游戏通常在美妙的音乐体验中展开。婴幼儿没有固定站位，成人没有机械口令，在自由律动的过程中帮助婴幼儿建立空间感、节奏感、协调能力、专注力，以及对身体的控制能力等，让他们可以尽兴感受愉快的互动氛围。通过对人体最大的感觉器官——皮肤的刺激，来缓解婴幼儿身体的僵硬与紧张，发展良好的感觉统合能力。同时还能通过对感觉神经及运动神经的双向刺激提高大脑的可塑性，使大脑各项功能得以充分发育。

5. 韵律操与小豆豆

韵律课的内容还有很多。校长先生一直考虑的问题是，怎样才能使孩子们与生俱来的素质不被周围的大人损害，让这些难得的素质得以发扬光大。

校长先生经常感叹说：

"过于依赖文字和语言的现代教育，恐怕会使孩子们用心去感受自然、倾听神灵之声、触摸灵感的能力渐渐衰退吧？"

……

校长先生这样感叹着，把韵律学引入到教学中来，并且相信它一定会收到好的效果。而对于小豆豆来说，能够像伊莎朵拉·邓肯那样光着脚轻盈地走来走去，蹦蹦跳跳，上课可以这个样子，真是开心极了。

小豆豆到 2024 年 8 月，已逾九十一岁高龄。自从 1953 年成为日本首位电视节目主持人以来，她至今依然活跃在电视屏幕上，作为从电视草创期开始从未间断其光彩的艺人之一，可以说是日本电视广播史的代言人。她作为唯一主持人的电视节目——《彻子的小屋》，是播放时间最长的世界纪录保持者，且正在持续更新纪录。她因为出演了很多具有广泛观众层面的综艺节目，不仅在各个领域的卓有成就者之间受到尊重，在年轻艺人中也颇受好评，所以直到 21 世纪，依然保持着鼎盛的人气。

试想，如此高龄却依然神采奕奕，那该有着多么旺盛的体力与精力。电视节目《彻子的小屋》加上日本每年最盛大的新年晚会——NHK 红白歌会等，她一共主持了近两万期的各种节目，这在主持历史上几乎无人堪比。我想，在巴学园的散步、疯跑、爬树、跳韵律操应是练就了她从小就足够强壮的体魄，让她在这般漫长、艰巨的职业生涯中，始终挺拔、屹立。

韵律操让小豆豆享受到了跳舞的乐趣，但天生唯美至上的她更想华丽地穿上舞裙，戴上皇冠跳舞，那是她在看芭蕾舞《天鹅湖》时得到的启发——

凑巧的是，正好有一个好机会。那时，小林先生的一位朋友来到巴学园教韵律操，这位先生在学校旁边有一间舞蹈教室。于是小豆豆的妈妈就拜托这位先生，请他安排小豆豆放学以后，到舞蹈教室学习舞蹈。

小林先生的这位朋友，便是前文中出现过的、同样受到达克罗兹影响的现代舞的创始人石井漠。石井漠曾于1910年代远渡欧洲和美国研究现代舞蹈，成为"现代舞"的先觉者。他还曾经指导过早期的宝塚歌剧团，后与作曲家山田耕作等人合作，于1916年发起了舞蹈诗运动，为日本开拓了新的舞蹈境界。

可惜，小豆豆一心憧憬着能够跳那个戴着小皇冠的天鹅公主的舞蹈，有一天，她终于鼓起勇气，舒展开两只手臂，像天鹅那样翩翩起舞，问石井先生："我们不学这样的舞吗？"石井先生回答道："我这里不学这样的。"那天之后，小豆豆就渐渐不去舞蹈教室了。

但其实，在小豆豆漫长的艺术生涯中，始终关注着熠熠发光的舞台——除了主持电视节目、主持晚会，她的身影还一次又一次地出现在舞台剧中，甚至2017年8月，她大腿骨折，还依然坐着轮椅，上台继续她的精彩表演。而我始终相信，韵律给予她的是节奏的、音乐的、姿容的、性格的，以及更多更多——总之，她从中获得了太多太多。

八

俳句与巴学园的孩子

1. 俳句诗人小林一茶

小学生们经常管校长先生叫作：

"小林一茶！一茶老爷子的秃头！"

在《窗边的小豆豆》中专门写有"小林一茶"一节，虽然有所注释，让我们简单知道一茶是江户时代后期著名的俳句诗人，但因何一茶会成为日本俳句文化史上最负盛名的俳人？他对后世俳人的影响到底有多大呢？

小林一茶（1763—1827年），本名小林弥太郎，一茶是他的俳号。他另有别号圯桥、菊明、新罗坊、亚堂，还有庵号二六庵、俳谐寺。中国古代文人也多有别号，但庵号是何物呢？所谓庵号，代表的是俳句大师的身份，也就是说，当一位俳人成为某一个俳句流派的大师时，即可获得庵号。

1763年，小林一茶出生于北信浓北国街道宿场町的柏原。小林家是柏原的乡村望族，但是一茶三岁时便丧母，后父亲再婚，他与继母的关系并不好，以致童年很不快乐。一茶基本上由祖母带大，祖母过世后，一茶与继母的关系更加恶化，于是父亲便将十五岁的一茶送到江户（现在的东京）当学徒，目的是将一茶与其继母分开。童年和继母之间的关系与冲突对一茶的性格和所创作的俳句产生了非常大的影响。

十五岁的一茶在江户做学徒的十年间生活极为困苦，作为俳谐师的记录中断十年后，再次现于他二十五岁之时——他以葛饰派俳句大师的身份，出现在江户东部和房总地区的记录中。成为葛饰派俳句大师后，一茶遵循当时俳句大师的培训程序，在日本东北部和西部进行俳句巡讲。三十九岁那年，一茶失去了父亲，此后的十三年间，他与继母和弟弟为了争夺父亲的遗产而大打出手。

四十岁之后，一茶主要通过在房总地区的俳句巡讲谋生。他还在葛饰派的框架之外，加深了与夏目成美以及当时其他才华横溢的俳句诗人之间的交流。此段生涯让他在当时的俳句界确立了自己的风格，被称为"一茶调"，这种风格越来越流行，但同时也明显世俗化了。

虽然一茶的名字逐渐在俳句界开始广为人知，作为一名俳句诗人，一茶的生活其实并不稳定。一茶继续与继母和弟弟就继承权问题进行谈判，以便在家乡北信浓过上安定的生活。

一茶五十一岁时，继承问题终于得以解决，可以在家乡柏原定居下来。因一茶当时已成为全国闻名的俳句大师，在北信浓有很多学生，再加上继承了父亲的遗产，半百的一茶从此获得了期盼已久的安宁生活。

五十二岁时，一茶再婚，彼时他第一次婚姻中的四个孩子均已过早夭折，妻子也先他而去。可叹前半生的不幸依旧不肯远离，他与第二任妻子的婚姻很快破裂，且中风反复发作，尽管在六十四岁时第三次结婚，但在六十五岁去世前几个月，他的家却被大火烧毁；同时，他与弟弟之间的继承问题也始终挥之不去，直到生命的最后一刻，一茶仍觉得自己是家乡的弃儿。

2. 小林校长为什么喜欢小林一茶？

……他经常给大家讲俳句的事，他总是说其中有一位非常了不起的人叫作"小林一茶"。……校长先生非常喜欢一茶的诗，他认为一茶的诗句率真朴实，而且都源自日常生活。

俳句是日本诗歌中一种特有的形式，由五、七、五共十七个音节组成，通常翻译成汉语不足十个字，若意译非直译，一般也不超过十七个字，所以是诗歌中的短诗。

小林校长经常给孩子们讲俳句，可见校长也是授课的，除了音乐课，他在课程表之外，给孩子们讲得最多的就是俳句。虽然俳句是文人之间的高深写作，但校长依然相信，孩子们会懂，至少一茶那源于生活的俳句创作，孩子们可以接受甚至喜欢。而他热爱一茶，更多的是因为他欣赏一茶所创作的诗句的率真与朴实。

小林校长对于一茶的喜爱是随时随地且发自内心的，所以他一有机会，就会给孩子们教一茶的俳句，让他们背诵。他自己则是一有感触，俳句便脱口而出，即兴而非有意为之的时候居多，而且有时还随手作曲，带着孩子们一起唱他写的俳句——"快点过来呀，一起玩耍乐开怀，没有妈妈的小麻雀。"这个五七八的句式，是《窗边的小豆豆》的译者的有意为之。其实，日本的俳句对于五七五句式的要求，是五个日语音节加七个再加五个。

如此这般，无论是一茶还是小林校长，仿佛都把创作俳句当成了一种乐趣与情趣，他们在创作中率真随性，因为情感的表达有时未必遵循俳句五七五的定式——"小小麻雀儿，快点躲开呀快点躲，一匹大马冲来了。"这首由一茶创作的俳句便是五八七式。

而且，我在观看电视连续剧《小豆豆！》时还有一个有趣的发现，小林校长即便在和孩子们躲避空袭时都会想起一茶，然后即兴创作的俳句也因此随心境而浑然天成。电视剧《小豆豆！》中，当巴学园响起防空警报，小林校长带领孩子们躲进一片昏暗的防空洞里，曾经出现过如下一番对话与场景——

　　小夜子：有苍蝇……
　　正　义：看不见吧？
　　小夜子：虽然看不见，可它碰到我的脸了……

小林校长：和我们一起，应该是同来避难，苍蝇也如此。

正义：苍蝇也避难吗？

小林校长：老师是这样觉得的。而且，它熬过了冬天。苍蝇啊，真的好顽强。的确是——"不要打它吧，苍蝇搓着手啊，也搓着脚。"

这首俳句，熟读《窗边的小豆豆》的读者应该是有所记忆的，因为它曾出现在书中的"小林一茶"一节，就是小林校长让孩子们背诵过的一茶创作的俳句。而"和我们一起，应该是同来避难，苍蝇也如此"这五七五的句式，就是小林校长脱口而出所创作的俳句，可见，他是多么喜欢俳句和一茶。

3. 一茶俳句的童真

当时,俳句诗人可能有数十万之多,但在众多的诗人中,一茶创造出了谁也无法模仿的、属于自己的诗歌世界。对这位能够写出像孩子一样纯真的诗句的人,校长先生非常尊重,非常敬仰。

"瘦瘦的青蛙,切莫认输莫泄气,一茶在这里。"

一茶的童真,就在这"切莫认输莫泄气"的童趣表现中。其实,一茶的俳句世界非常丰富,童真与童趣只是其中最独特、最被后人嘉赞与称许的部分。一茶俳句的第一个特点是作品数量众多。据说,他创作的俳句接近两万一千两百首,与芭蕉的约一千首、芜村的约三千首相比,这是一个庞大的数字。此外,从一茶的著作和他的学生编撰的书籍中还不断在发现新的俳句。

一茶常被认为是创造了自己独特俳句风格的人,因其独有的表现方式和题材选择，生前一直被称为"一茶调"。一茶所创作的俳句主题多与生活相关，所以使人感觉亲近且新颖，甚至异想天开。

他还创作了很多与"生命"相关的小动物和植物的俳句，如跳蚤、蚊子和苍蝇。还有人认为，一茶虔诚信仰净土真宗的教义，以及他对动物与生俱来的喜爱，也对他产生了影响。敢于使用如此多的跳蚤、蚊子和苍蝇这些人们不喜欢的动物，被认为是一茶自身个性的投射。

此外，关于儿童俳句，这是其他俳人所不敢触碰与尝试的，但一茶却无比热心于此。

"是我的年糕，这还是我的年糕，一整排都是。"这首俳句描绘的是，一个天真无邪的小女孩摆放着刚舂好的年糕，说着"是我的年糕，这还是我的年糕"。

"猫咪喵喵叫，我向它做个鬼脸，继续拍球吧。"这首俳句的言外之意是，有个小女孩在拍球，猫咪过来喵叫个不停，想要一起玩，但小女孩对猫咪做了个鬼脸，继续拍自己的球。

一茶创作了大量的儿童俳句，这些看似描绘童谣世界的俳句被许多人接受，这也是明治中期之后一茶声名鹊起的一个重要因素。

自然，一生并不顺遂也无幸福可言的一茶同样在观察、关注着身边与社会的生活，从而在他的俳句创作中，留下了关于人生悲苦的主题。一茶出身于北信浓的一个农家望族，后到江户过着艰苦和不稳定的学徒生活。这让他得以看到在大师们风光无限的时代阴影下那些挣扎谋生的小民百姓，并创作了关于这些底层民众的俳句。在此之前，还没有一位俳句诗人像一茶那样写出了生活的艰辛和人生的矛盾。其实，一茶很早就开始在创作俳句时涉猎自己的生活、孤独和旅行了。换句话说，这些俳句都是在书写他自己的个人境遇。他接连遭遇不幸，包括子女夭折、与妻死别、第二次婚姻的失败以及两度中风。因此，一茶所蒙受的各种不幸，让他的俳句结尾始终带有一种紧张感。

4. 俳句与小豆豆

在电视剧中,在防空洞躲避空袭时,小豆豆也发表了自己创作的俳句——

(小豆豆拿着一小袋大豆在思考)

小林校长:直到空袭警报解除,我们都来写俳句吧?

孩子们:嗯……

小夜子:那种东西,我可写不出来。

小豆豆:写不出来什么?

小夜子:俳句。

小豆豆:哦……

小林校长:用五七五的句式,说出你的想法。老师先写一个,你们也想一想。现在,老师要发表自己创作的俳句了哦。

小夜子：真快呀！

小林校长：巴学园的孩子，不愿服输的宗作，就在这里呢！

三轮：果然不愧是小林老师！

幸司：太像了，跟小林一茶。

佐藤：我想好了！

小林校长：佐藤，发表一下！

佐藤：英语的课本，一一将其展开来，在防空洞里。

小林校长：很好。像素描一样。你把看到的写成了诗，非常好。

小豆豆：我想好了！

小林校长：小豆豆，发表吧！

小豆豆：只剩下七颗，吃得有点儿多了，该怎么办呢。

小林校长：小豆豆的俳句非常好。你们创作的俳句都很特别，都有独特的个性和敏锐的感觉。真不错。

其实，小豆豆原来的袋子中有十五颗大豆，那是他们最为珍贵的食粮。彼时，小豆豆一天的食物仅仅就只有十五颗大豆，直到今天她还对此记忆犹新，并将其创作成了绘本《小豆豆的十五颗最爱》。

在《窗边的小豆豆》里，小豆豆同样在小林校长的熏陶与指导下，创作了自己的第一首俳句："黑的野狗啊，先脱下你的军装，才可以到大陆去。"从书中注释可知，这里的黑狗指的是日本军队。从小豆豆第一次创作的俳句中我们可以发现她依然如旧那不拘的性格，她创作了五七七的句式，而非俳句惯有的五七五。而且，在其小小的心灵里对当时战争的那种敏锐的感知、心底的痛恶，也通过俳句表现了出来。

从最爱的爸爸，到巴学园的欢乐午餐时间、甜甜甜甜的糖、每天一家人团聚在一起平平安安、其乐融融的时光，这许许多多美好的东西都开始消失，直到他们一天只能吃十五颗炒熟的大豆。小豆豆实在不知道该什么时候吃这十五颗大豆，这一切，她心知都是"黑的野狗"带来的，故而心怀痛恨，写下了她的第一首俳句。

2018年之时，小豆豆曾与友人说："我写俳句已经有三十年了，但我的俳句的水平并没有提高。"友人问：为何？小豆豆答："我试图把很多东西塞进去。可俳句不应该是这样的。"也就是说，1988年左右，年过半百的小豆豆重拾俳句创作，虽然持续坚持了三十年并不十分成功，但是巴学园给予她的俳句印记始终未曾消退。

5. 孩子们懂俳句吗？

俳句在日本文学中被誉为"最短的诗歌"。从松尾芭蕉（1644—1694年）到小林一茶，再到正冈子规（1867—1902年），在两三百年间，众多俳句诗人将这一诗歌的形式推至高峰。除了五七五的句式，更严格要求俳句有必守的规则，那便是在已经极度精炼的字节中加入季语。也就是说，俳句中要有季节的体现。而除了季语之外，还要使用放在结尾的断字，以表示句子的完结和独立。

但是我们在小林校长，以及小豆豆与巴学园的孩子们创作的俳句中，并未看到校长对季语等有所要求。他唯一的期待是"只要把自己想说的话，诚实地写出来就行了"。如此，我们在即便没有正式列入课程表的俳句创作课上，也能感受到巴学园那种自由与率真的空气，似乎只需了解什么是俳句，然后随性去创作也是好的。试想，复杂的季语以及断字，孩子们是很难懂得的，若如"八股文"一般强行让孩子们去理解，定会使他们很快失去对俳句的好感。

自然，小林校长深谙一茶俳句的率真，也知道一茶应是孩子们最能接受，甚至会产生兴趣、懂得颇深的俳句诗人。而除了一茶这童真的部分，他那些关于自然、关于人生的创作，校长先生也会让孩子们去思考、去领悟，以至小豆豆在书中这一节的最后结论是——

　　……一茶的俳句，的确很适合巴学园呢。
　　"冰雪已消融，烂漫儿童嬉戏忙，奔跑小村中。"

其实，除了巴学园，日本的学校至今也没有遗忘将创作俳句加入小学生的参与范畴中。1989年，日本在小学教学指引中将"俳句创作"首次纳入其中。2017年公布的小学教学指引中进一步明确，教学中要通过朗读和背诵简单的短歌和俳句，让学生熟悉文字的音韵与节奏，通过创作短歌和俳句等活动书写自己的感受和想象。此后，面向小学生俳句创作的各种比赛在日本各地勃发开来，其中，有饮料制造商组织的比赛，也有新闻媒体和地方政府向公众开放的比赛。而且在小学生创作俳句的实践过程中还逐步固化了明确的指引与指导，直白地向小学生传达了创作俳句的基本规则：首先是五七五的句式，其次是加入季语；并指出，创作俳句有三种具体的方法，分别是仔细观察对象、用准确的语言表现出来、用俳句来歌咏自己的生活。

　　总之，孩子们通过简单的指导，是能懂得俳句的，而且在懂得过后，还有足够的能力将他们的童真与栩栩的生活用俳句表现出来。

九

《化缘簿》——巴学园唯一一次演戏

1.《化缘簿》的故事

在日本众多歌舞伎表演的故事中,《化缘簿》被认为是一部杰作,日文称作《劝进账》。《劝进账》创作于19世纪早期,故事以12世纪为背景。

剧情讲的是源氏灭平氏之后,源赖朝取得政权,心生除掉曾为其立下过汗马功劳的兄弟——源义经——的念头。义经被迫与自己的家臣——辩庆(也写作"弁庆")化装成一众僧侣及仆人以谋命。当他们从京都逃亡至安宅关时,遇到了源赖朝的守将——富樫,富樫对他们产生了怀疑。于是,沉着、机智、果敢的辩庆,将手中的卷轴假作化缘簿,高声诵读,希冀瞒过富樫,随后又用鞭挞义经的办法,证明义经是帮他挑行李的仆人。富樫虽有所觉察,内心却因辩庆的用心良苦而动容,最终放走了义经。

整个过程中,辩庆极为镇定,谎称他们正在募集善资以修缮一座京都的寺庙。富樫逼问道:"那就拿出证据,让我看看你们的化缘簿!"

化缘簿上通常写有捐赠者的目的及姓名,也可用作通过关卡的通行证。但因为辩庆在撒谎,并没有化缘簿,恰好手中有一卷卷轴,便把它当成化缘簿,大声并清晰地念着,还流畅而坚定地回答了富樫的提问。

义经一行人正要顺利通过关卡时,富樫的家臣告诉他说:"挑行李的那个人很可疑!他不就是义经嘛!"突然,辩庆用手中的权杖向主人义经打去,并怒骂:"都是因为你,我才被怀疑,你这个笨蛋!"

最终,富樫被辩庆对主人的深厚感情所打动,予以放行,准备自己接受应得的惩罚。辩庆则含泪为了自己的无礼向义经道歉,因为家臣是绝不允许殴打主人的。义经原谅了辩庆,感谢了他的机智。

但后来传说,义经从安宅关逃走后,因为源赖朝遍布守卫关卡,跟随义经逃亡的勇士们陆续牺牲,富有正义与机勇的辩庆最终也战死。

> 而且,辩庆还要取出一个卷轴,明明上面什么也没有写,但当富樫说"念一念吧",辩庆就要一边拼命思索,一边当场念出自己刚想出的文章……

小豆豆他们在巴学园唯一一次演戏，演的便是《化缘簿》。这次演出会，丸山老师为导演。提到丸山老师，我们会不由想起，也是他带领着孩子们步行十多公里前往孩子们并不懂得的、葬有四十七义士的泉岳寺参观。可见，丸山老师尤为喜欢历史，而且可猜测，组织孩子们演出这部名剧，应该也是因为其背景是基于历史史实的。剧中的人物——义经、辩庆、富樫都是真实的历史人物。虽然表演的场景并不长，但故事的冲突性以及人物的情感都是真切存在的。

这部剧除了传统表演艺术领域之外，还有许多其他作品也曾受到其影响。1945年，黑泽明执导了电影《踩虎尾的男人》，该影片因大河内登次郎精湛地饰演了辩庆和榎本健一诙谐的强力出场，以及具有歌舞伎意识的表演而闻名。

2. 辩庆是何人？

辩庆由长得很高、体形很壮的税所爱子扮演……

辩庆是家臣，所以扮演者虽然是女孩，但因为长得很高，体形也很壮，最符合辩庆的身份与给人的直观感觉。同时可略知，小豆豆他们班的九个孩子当中，除了两个残疾的男孩之外，剩下的男孩都不够高大，再加上又要有一个来扮演富樫，所以经过大家的商议，最初的义经扮演者也选定为了小豆豆，且所有的孩子都要出场扮演在山中修行的僧人。

辩庆，全名为武藏坊辩庆，带有疑问的卒年为1189年。他是平安时代后期的僧兵，同时也是源义经的家臣。原本作为比叡山僧侣的他，喜欢武术，偶然在五条大桥上遇到了义经，从那时起便一直侍奉他直到生命的最后一刻。作为一名威猛无比的武士，在历史上，他是"怪力"与"豪杰"的代名词。

据传说，熊野别当抢走了大纳言的女儿，使其生下了辩庆。辩庆在母亲的肚子里待了十八个月（《辩庆物语》中的记载则为三年），出生时已有两三岁孩童的身体，头发长到肩膀，后槽牙与门牙都已长齐。其父觉得他是妖怪的孩子，想杀死他，但姑母收留了他，并取名鬼若，带到京都抚养。

鬼若后来到了比叡山，但不肯学习，还因过于粗野而被开除。于是鬼若剃了光头，取名武藏坊辩庆。来到京都的辩庆，发誓要夺取京都的千把刀。他袭击路人，与路过的武士决斗，并收集到了九百九十九把刀，就在他准备收集最后一把时，遇到了在五条大桥上吹笛子的义经。辩庆看到义经腰间佩戴着一把华丽的宝剑，便向他挑战，但始终无法与轻巧的义经匹敌。辩庆最终投降，从此成为义经的家臣。

辩庆跟从义经，曾在击败平氏一族的战斗中表现出色。义经与兄长源赖朝发生冲突后，他随义经一起逃离了京都。在艰苦的逃亡过程中，辩庆伪装成山中苦行僧，用自己的智慧和力量帮助义经一行脱险。

义经一行到达奥州平泉，在藤原秀衡处避难。然而，秀衡死后，他的儿子藤原泰横在源赖朝的一再施压下，违背了父亲的意愿，袭击了义经的追随者。辩庆为了保护义经，站在大殿门口，挥刀孤军奋战，却被敌人的箭矢射中而死。

在历史上，身上富有"怪力"、心中蕴满忠诚的辩庆始终被后人所记怀与歌颂。他被作家富田常雄写成小说，被漫画家手塚治虫画成漫画，被黑泽明、渡边邦男等多位导演拍成电影，还近十次被改编成电视连续剧、游戏与乐曲。可见，他不只是一个勇士，更是一位义士，因其对主人的"义"，近千年来，从未被忘记。

3. 义经是何人？

如前所述，义经是辩庆的主人。但这位身居高位的主人，因何会被如此忠诚以待呢？

源义经是平安时代的武将、镰仓幕府第一代将军源赖朝同父异母的兄弟，出生于河内源氏，是源义朝的第九个儿子，幼名牛若丸。其父亲在平治之乱中战败而死，他被送往鞍马寺，后来搬到平泉，受到奥州藤原氏首领藤原秀衡的保护。他与兄长源赖朝一举推翻了平氏，成为消灭平氏的最大功劳者。岂知，因未经兄长许可接受了官职，再加上在推翻平氏战役中独断专行，而惹源赖朝恼羞成怒，被宣布为朝敌，对其颁布了逮捕令。义经逃出后，再次投靠了藤原秀衡，秀衡死后，其继承者——藤原泰横被源赖朝逼迫，违背了父亲"要遵从义经的指示"的遗愿，以五百骑兵攻击了义经的十余随从。随从几乎尽数战死，但义经没有出战，而是躲进佛堂，先杀死了自己的妻子和五岁的女儿，最后自杀身亡，时年三十一岁。他的死引起了很多人的同情，并产生了大量的故事与传说。

此悲剧人物在小豆豆他们排练《化缘簿》时，最初决定由小豆豆来扮演——

> 但是，小豆豆并不知道这个故事，当辩庆把演义经的小豆豆掀倒在地上，用棒子打的时候，小豆豆猛烈反击起来，对着税所同学的腿又踢又抓。

可见，忍辱负重并受尽冤屈的义经，其实非常不符合小豆豆的性格。何况一个天真、执拗、可爱的六七岁小女孩，在同学面前，即便是演戏，也无法接受只有自己被掀翻在地，还要挨打的——

> 丸山老师又向小豆豆解释了一遍剧中的故事，但小豆豆却坚持：
> "如果税所同学打我，我也要打她！"
> 这样，剧就没法排练了。
> 一连好几次，每当演到这个地方，小豆豆都蹲在那里反抗着。终于，丸山老师说：
> "对不起，就让阿泰来演义经吧。"

每每读到书中的此处，我便觉得，小豆豆的执拗与执念贯穿了她的一生。试想，若内心没有这般的倔强与固我，她怎会在长大后，成为日本朝日电视台自1976年起开播世上最长寿的电视节目——《彻子的小屋》的主持人直至此刻呢?

4. 富樫是何人？

> 富樫由声音洪亮，一看就觉得很严肃的天寺君来扮演……扮演义经的小豆豆只需要蹲在那里就行。但是扮演辩庆的税所同学，却要和富樫说好多话，必须记住大段的台词……扮演富樫的天寺君，为了驳倒辩庆，也必须记住好多台词。

辩庆与富樫这大量的台词，也意味着当时历史上的场面颇为惊心动魄，而据传说，富樫其实已经识破义经的真实身份，不过是被辩庆的善真、忠义，以及能言善辩的苦情所打动，佯装着放走了他们。那么，安宅关守将富樫，到底是怎样的一个历史人物呢？

富樫氏其实是一个望族，据说富樫是藤源利仁的后裔，也是富樫家第四代家主——富樫家经的儿子。《化缘簿》中的富樫即为镰仓时代的富樫泰家。1182年，他响应木曾义仲和平氏的军事征伐，面对平维盛率领的十万大军，在俱利伽罗关，将燃烧的大木头绑在一头巨牛的牛角上，驱赶巨牛夜袭敌营，大获全胜。后来，木曾义仲被源赖朝打败，富樫泰家被软禁在野野市，再后来源赖朝原谅了他，并任命他为加贺国护守。

但1187年，他如上面所述《化缘簿》的故事，因放走义经而惹怒源赖朝，被剥夺了军衔；且行将问斩之时，化名佛誓，偷逃至奥州平泉，与义经泪别；随后在该地区停留了一段时间，再次返回野野市，并在那里终其一生。

小豆豆他们排练与演出《化缘簿》时，已经距离这段历史故事的发生超过七百年。它会如此被后人们念念不忘，其本真在我看来，主要是三位主角人物在情感与忠义中的悲剧与悲壮。义经自杀、辩庆战死、富樫隐姓埋名郁郁而终。其中的悲剧英雄源义经从二十二岁与兄长源赖朝并肩，到三十一岁在奥州平泉自杀，在历史舞台上只出现了九年。他的一生最后的两年，是在平泉度过的；这两年空白岁月里，日本各地流传着无数关于义经的传说。在石川县，从加贺到能登，有九十多个关于义经追随者的传说。其中最有名的就是《化缘簿》中这段在安宅关发生的故事。

《窗边的小豆豆》中没有书写他们的《化缘簿》最终演出成果如何，只是写了他们排练时的一段小豆豆再现"另类"个性的场面。其实细细究来，小豆豆不肯好好出演义经，还是因为丸山老师没有小林校长一样的耐心，没有将这一历史悲剧英雄为小豆豆讲解到位，以致小豆豆最终还是有点儿遗憾。

5. 小豆豆最终没能参演的真正原因

因为小豆豆始终不肯"挨打",她这个"义经"坚决要对税所扮演的"辩庆"反抗到底,而且,就连出演像道具一般、只是站着不说话完全不动的僧人,她都片刻不肯安宁——

> 僧人们手里都要拿着一根长长的手杖,这是为了翻山越岭能轻松一点儿,小豆豆分到手杖之后,就出麻烦了。她觉得只是呆呆地站在那里,未免没有意思,就用手杖捅一捅旁边僧人的脚,再挠一挠更前面一个僧人的胳肢窝,然后又学着指挥家的样子,挥动着手杖,这不光对周围的同学来说很危险,更严重的是,富樫和辩庆的剧被搅得一塌糊涂。

想象一下这样的场景,我们仿佛又看到了被退学之前的那个小豆豆,于是,就连扮演僧人的资格最后也被取消了。巴学园唯一一次演戏，结果只有小豆豆一人未能参演。其实，当小豆豆长大成人后，一次又一次选择站上舞台，或许就是因为幼时的这个遗憾，这让她无比尊重舞台。除了电视屏幕之外，她近七十年的演艺生涯中，作为舞台上的女演员，还为话剧与戏剧表演倾注了大量的心力与时间。由PARCO制作的舞台系列剧便是由小豆豆主演的。从1989年的第一部作品开始，除1994年之外，每年都会在百老汇和伦敦连续上演，成为广受欢迎的舞台剧，三十年间共上演了三十二部作品，直至2018年演出完成《狮子之后》才结束。同时在日本舞台上，她也自1962年起，直至2023年满九十岁高龄，相继出演了《陷阱》《缩图》《夫妻百态》《居里夫人》《哈罗德与莫德》等数十部作品。每部作品的演出场次都多达数场甚至数十场。

对于舞台，小豆豆说过，她喜欢喜剧。那么再回想《化缘簿》的故事，从头到尾都是一场苦情戏，完全不符合她的性格，自然谈不上喜爱，所以当她年过半百，写下《窗边的小豆豆》之时，虽然没能参演巴学园唯一一次戏剧演出，她依然说："不过，如果小豆豆真的再去扮演义经，她肯定还会对税所同学又抓又打。"这部《化缘簿》历经两百多年直至今天，在日本的一些小学，仍然在持续排练与上演着。很多孩子喜欢这部剧的紧张与刺激感。当辩庆机智地读着一份空白的化缘簿时，他和富樫就展开了激烈的交手。辩庆和富樫之间的台词交锋，是该剧的一大看点，还被命名为"山伏问答"。整部剧的后半部分又有别样的精彩：通过关卡后，富樫向辩庆敬酒，以表示对他的怀疑的歉意。辩庆意识到富樫的意思是让他在喝完酒后逃走，于是大口喝下碗中的酒，并跳起了"辩庆之舞"。辩庆一边装醉跳舞，一边向家臣发出信号，让义经等人先行离开。这一刻，缠绵的背景音乐伴随着辩庆的舞蹈，释怀中带着感伤，别有一番情味。只可惜，当年的小豆豆没能看到与感受到。

十

小林校长

1. 小林校长的成长

他的头发已经有些稀疏,前面的牙齿有的也脱落了,但脸上的气色非常好。他的个子不算高,不过肩膀和胳膊都很结实,黑色的三件套西装已经旧得有些走了形,但穿在他的身上却显得非常整齐。

这是小豆豆初次见到小林校长时,看到的他的样子。

小林校长全名小林宗作,1893年出生于日本群马县岩岛村的一个农家,是这个农家的第三个儿子,也是最小的儿子。据说,这个村庄东南仰望榛名富士,北面背靠吾嬬山,是一个风景极为优美的乡村。

群马县虽然广义上属于东京圈,但其实它南接埼玉县,再往南才是东京,是位于东京西北方向一百公里的一个内陆县。而榛名富士,也与富士山无关,属于众多"乡土富士"中的一个。日本各地共有四百六十七座"乡土富士",但要成为"乡土富士"需要符合几个条件：首先是倾斜角度，富士山的倾斜角度为28°，越贴近这个角度，看起来就越逼真；其次是山顶要像富士山那样，有漂亮的圆锥形；富士山高3 776米，因此称得上"乡土富士"的山，还要有一定的高度。由此可见，小林校长小时候所看到的家乡的山，还是足够巍峨的，有1 449米高。

其实小林校长在户籍上并不姓"小林"，而姓"金子"，起因是他的长姐嫁入金子家后，他也被带入此陌生人家，成为养子。1899年，小林校长进入吾妻郡三岛小学开始上学，1907年毕业于该小学的高等科——所谓小学的高等科指的就是高等小学。高等小学是存在于明治维新至第二次世界大战前的一种教育机关的名称，相当于现在的初中一年级和初中二年级。

小林校长在该校毕业后，曾经到下仁田小学做过一段时间的代课老师，在那里迈出了小学教师生涯的第一步。而从小便喜欢音乐的他，为了成为音乐教师，还于1911年取得了教师资格证书，后到东京的小学开始正式执教，且一边教书，一边继续学习他自幼便喜欢的音乐。二十三岁之时，他考进了一直向往的东京音乐学校乙种师范科（现在的东京艺术大学音乐学部）。当时的乙种师范科严格执行少数人的英才教育，时年仅有十四名学生入学，最终只有两人毕业。小林校长自该校毕业后，再次成为教师，这次执鞭的是成蹊学园小学部的音乐老师。

2. 小豆豆为什么那么喜欢校长先生？

在《窗边的小豆豆》中，小豆豆每一种在我们看来足够顽劣、多动、另类的行为，当遇到小林校长时，却都受到了格外出人意料的对待。

小林校长愿意倾听孩子的想法，所以他能够耐心地听小豆豆喋喋不休四个小时，而那是他第一次遇到一个六岁且被别的学校退学的小姑娘——

> 小豆豆感到生平第一次遇到了自己真正喜欢的人！因为从小豆豆出生后直到现在，还从来没有一个人这么长时间地听她说话呢。而且，这么长的时间里，校长先生一次也没有打哈欠，一次也没有露出不耐烦的样子。他也像小豆豆那样，向前探着身体，专注地听着。

小林校长始终觉得，人之初，性本善。但是，孩子在成长过程中，因为受到周围环境和大人的影响，变得不再"完美"。所以，他的教育理念是：要尽早发现孩子的闪光点，培养他，使之成为一位有个性的人。

在整本《窗边的小豆豆》中，我们从未发现小林校长对孩子有任何一次不悦、生气、训斥，甚至打骂。他好像总能坦然处之地将小豆豆每每的调皮行为看作将是她长大之后会熠熠生辉的个性，所以——

> 一般来说，大人们要是看到小豆豆在做的事，会说"在干什么蠢事呢"或者"太危险了，快停下"。或许也会有态度截然不同的大人说"我帮你吧"。但是，只说一句"弄完以后，要把这些全都放回去"的，除了校长先生，不会再有第二个人了。

所以说，这样的一位校长，小豆豆怎会不喜欢呢。长大之后的小豆豆在一次采访中说："我在巴学园真的遇到了很棒的校长——小林宗作老师。小林老师每天都对我说：'你真是一个好孩子。'所以我自己一直认为'我是一个好孩子'，长大后仔细想想，其实里面有个'真是……'（笑）。"

小豆豆为什么会笑呢？其实，仔细体味的话，这个"真是"是一种强调，用来修饰"好孩子"，比直接说"你是一个好孩子"，仿佛更有力量，但孩子耳中听到的"重点"，会常常是他们内心真正在意的"好孩子"。

而除了培养孩子的个性、注重倾听孩子的想法之外，小林校长在教育中还非常关注孩子的营养均衡、身体健康，培养孩子的自学能力，带孩子亲近大自然，在自然中学习关于世界的知识。

> 小豆豆终于想了起来。
> "哎，老师，您是不是总在河边的旱田里呀？您是种庄稼的吧？"
> ……
> "哇，伯伯现在是老师啦！"
> ……
> "不是，我可不是老师，我是农民。今天，是校长先生托我来的。"
> ……
> "可不能这么说。今天，要请您教给孩子们怎么种庄稼，关于种庄稼的事，您当然是老师。……"
> 在别的小学，通常都有各种规定，教给孩子们知识的人，必须取得"执教资格"之类。但小林先生却不在乎这些。小林先生认为，让孩子们看到"真正的东西"是非常有必要的，也是最重要的。

因为小林校长希望培养有个性的人,所以他能容忍小豆豆把厕所里所有的粪便都捞到地面,只是叮嘱她,要放回去哦;因为小林校长重视孩子的营养均衡、身体健康,所以要求孩子的饭盒中有"海的味道"的同时,还要有"山的味道"……

3. 小林校长的教育理念是怎样形成的？

从东京音乐学校乙种师范科毕业后的小林校长，开始接触到自由教育。他以音乐教师身份执鞭的成蹊学园小学部，是 1915 年创立的私立学校。成蹊学园的课程一般在上午结束，下午便去近郊散步，做植物采集、昆虫采集、写生、玩游戏、唱歌等活动。这所学校还非常重视音乐，有一个叫作音乐教室的特别教室，里面摆放着一架在当时极为昂贵的三角钢琴。

成为音乐教师后的小林校长，以让学龄前至小学教育阶段的孩子接受更自由、更艺术的音乐教育为志向，曾经前往瑞士、法国、德国、意大利、英国留学，有的国家他甚至去了不止一次，对幼儿教育、音乐节奏与形体节奏的关系、音乐与体操的结合进行了研究，随后便积极向日本教育界推广韵律教育、音乐教育、钢琴教育等。

小林校长第一次去日内瓦时，见到了时任国际联盟副事务长的新渡户稻造博士（1862—1933年），新渡户建议他学习瑞士音乐家达克罗兹的音乐教育。随后，小林校长来到巴黎，进入了以韵律教育为教学方法的学校学习了一年。而还未重新踏上日本国土，他的第一个伯乐——小原国芳（1887—1977年）已经准备定要捷足先登地迎接他了。

小原当时是成城学园小学部的负责人，被创立者——泽柳政太郎（1865—1927年）力邀进入该校担当重任。刚好小原正在寻找合适的人选，想再创立一家理想的幼儿园。他听闻小林校长此人以及在国外的学业状况，唯恐他被其他学校抢走，便在小林校长乘坐的船只尚未抵达神户港时，就提前在那里等候了。

与小原结缘后，小林校长在成城学园所创立的幼儿园，得到了来自业界以及家长的高度认可：

"您是达克罗兹的嫡传弟子，是日本绝无仅有、非常重要的韵律教育的老师。感谢您！"

"感谢您，在大自然中养育孩子！感谢您，能像孩子一样养育孩子！感谢您，让孩子能成为自然中的自然的孩子！那种在韵律中生活与学习的方式，让我都想再次重生。"

"感谢您，以那样的态度对待孩子！感谢您，让那个鱼店出生的、我那四岁的女儿，一上幼儿园，就完全变成了另外一个人。"

于是，小林校长一边在成城学园教书，一边写了很多关于教育的论文。即便他已经在此过程中积累了非常丰富的教育经验与成就，在三十七岁之时，还是决定再度出发去欧洲学习。

这一次，他去了十一个月，并欣喜地见到了达克罗兹本人。见面时，他提出在日本设立韵律协会的想法。此后，他又拜访、参观了卢梭研究所附属幼儿园、华德福学校、博德体操学校等实行新教育的教育机构。随后，又再次到巴黎继续学习韵律教育。

第二次学成归国后，小林校长曾先后任教于石井漠舞蹈研究所、东洋英和女学院、国立音乐学校等，但最杰出的业绩是在成城学园幼儿园、小学、女校开始应用自己的学习与研究成果。可惜没过多久，小原自己又单独成立了玉川学园，同时管理着两所学校，于是爆发了排斥小原的运动，迫使小原离开了成城学园。很快，小林校长也受到排挤。此时，刚好自由之丘小学因为经营困难，被迫出售，小林校长便下定决心，购买了那片土地与校舍，它便是"巴学园"。

在经营巴学园的八年间，虽遗憾，但不得不提的是，小林校长那毕业于群马县师范学校的二哥也同样走上了教育之路，历任群马和东京的小学教员及校长等。可是二人因为教育观念的不同，虽然交流频繁，但也常常怒目相对。因此可见，小林校长在当时、在当年，是何等的"另类"。

小林校长是日本韵律教育研究与实践的先驱，也是载入史册的幼儿教育研究家。如前文所提，韵律教育起源于19世纪末至20世纪初的新教育运动的鼎盛期,由瑞士的音乐教育家兼作曲家——埃米尔·雅克-达克罗兹创立,所以它也被称作"达克罗兹音乐教育法"。达克罗兹主张:"学习是所有器官都参与'震颤'的过程,否则学习的内容会仅仅停留在大脑,浮于皮毛。"他还认为,艺术教育中的音乐教育不应该从大量的乐曲演奏训练开始,而应该先感受音乐、理解音乐、触摸音乐,让整个身体都体悟到音韵所创造出的那种喜悦,在喜悦中,发出声音、弹奏出旋律。这种以生理学、心理学、艺术为出发点的教育方式,其内容包括:声音与动作的音感教育、伴随身体舞动节奏的表现教育、即兴演奏与即兴表演的表现教育。这种教育方法能够提高身心的各种感觉机能,以及艺术的想象力与创造力,是一种以精神与身体的协调为目标的音乐教育法。

小林校长与天野蝶成为这种教育法在日本实现的先驱。"二战"后,曾在美国留学的板野平接棒将其发扬光大。

1937年,小林校长终于将自己半生的研究成果在巴学园付诸实现。巴学园的教育理念首先是自由,其次是以韵律教育为基础。巴学园是幼小兼备的学校,虽然后来校舍被烧毁,但因它如学校中的"理想国"一般的实存梦景,始终在小豆豆这些亲历者与蒙恩者的记忆中,近百年依然挥之不去。

此后,失去了巴学园的小林校长依旧在教育领域不懈努力,他将所有心力倾注于对幼儿园、小学的经营,以及为国立音乐大学培养初等教员等。

4. 巴学园之后的小林校长

1945年巴学园被战火烧毁后,1949年时逢国立音乐大学设立初中以及高中,中馆耕藏(1895—1982年)便聘任小林校长为其负责人。第二年四月,国立音乐大学又设置了教育音乐学科,聘请小林校长做该学科的讲师;同年七月,又设立了附属幼儿园,委任小林校长为该园的园长。

据小林校长晚年的好友——早坂礼吾回忆说,他与小林校长结缘于他将长女送进国立音乐大学附属幼儿园之时。其长女是1951年进入该幼儿园的,当时小林校长正是这个幼儿园的第一任园长。早坂与小林校长第一次见面是其长女幼儿园毕业,那时,作为国立教育委员长的早坂从中馆那里听说想建小学,便随后又将长女送进该小学入读。附属小学成立于1953年,小林校长此后也担当了小学部的部长。

早坂后来对于小林校长在当时的教学中所使用的一些教育方法依然记忆犹新:"我最初了解小林先生,是因为女儿进入了附属小学。那时，小学的校舍还未建好，孩子们就在大学的一个角落里上课。我看到，大学生和小学生各二十人在一起，正做着韵律操。小林先生跟我说：'你看，小学生如果看到有趣的事物，马上就会加入，但大学生不会。'我还留有印象最深的一幕是，他们小学的运动会，当红、白两队在一个狭长操场上的激烈比赛结束后，小林先生宣布得分时说：'恭喜白队今天获胜！孩子们，我们一起为白队鼓掌。红队输了，但是多亏了红队，白队才会赢，我们一起来谢谢红队！'孩子们的掌声更加热烈了……"

因为这许许多多的不同，让这个长得毫不起眼的中年男人在1963年故去的四十年后，成为千万孩子心中最可爱的校长。而当我看到孩子们在巴学园礼堂露营的老照片时，也总会觉得，除了小豆豆之外，里面所有的孩子与小林校长的相遇，都是一生之幸事。

其中最最让人欣慰的是，因为《窗边的小豆豆》这本书的面世与存在，在全球畅销超过两千三百万册之时，我们知道，在世界的很多地方，尤其是亚洲国家，有数以亿计的人都记住了这位神奇且伟大的校长的名字——小林宗作。而他作为第一任园长的国立音乐大学附属幼儿园，直到今天依然存在，后来人们还把当年种植在巴幼儿园的藤树移植到了这里，孩子们称它为"巴藤"。

当我看着在"巴藤"下嬉戏的孩子时，就仿佛看到，那藤树每一片抖动着的小小叶子，都像是小林校长为这个世界、为万千的孩子播散的律动，永远荡漾着生机、愉悦、韧性，以及一个永被铭记的教育者如不死鸟一般的精神。

十一

小豆豆的妈妈

1. 一个能极好地控制情绪的妈妈

小豆豆的妈妈在《窗边的小豆豆》第一页第一行便出场了：她"拉着小豆豆的手"。从此在书中，在小豆豆的人生中，她成为了一个可以用所有美好的词语赞誉也不觉为过的妈妈。她的名字叫黑柳朝。小豆豆是她的长女，也是她的第一个孩子，依时间算，小豆豆一年级被退学时，她还不到三十岁。她生于1910年，卒于2006年。

黑柳朝原姓"门山"，出身苦寒北海道的一个医生世家，祖父、父亲都是医生。巧合的是，她也是门山家的长女，其爱称为"阿朝"。特别值得一提的是，其父门山周通与鲁迅同期在仙台医学专门学校（现在的东北大学医学部）学习。鲁迅入学该校是1904年秋天，前后共读了一年半，二人应有不仅一面之缘。

阿朝的妈妈名为"三好"，有趣的是，可以通过史料发现，三好在婚后生下阿朝，后再次入读位于仙台的教会学校——宫城女高两年，毕业后才又将阿朝带回了北海道。而那是百年前的日本，这样一位婚后、产后依然不舍自己追求的女性，用何种方式培养孩子长大，细想便可略知一二。

此后，十三岁的阿朝入读岩见泽高等女校度过住校的四年高中生活，在1927年的十七岁之时，只身赴京，入读东洋音乐学院（现在的东京音乐大学）声乐科学习。一个乡村女孩进京上大学，这在当时非常罕见，定是来自双亲的理解与鼓励促成了这遥远旧时的壮举。但很可惜，阿朝还未从该校毕业，便被黑柳守纲"抢婚"后成了"黑柳朝"。

此后，这朝阳一般的阿朝和煦地沐浴着小豆豆每一天的成长，即便她闯下一年便被退学的大祸。试问，如今这世间会有哪位妈妈，当面临刚上学就可能没学上的糟糕局面时，能控制住自己的情绪，而不责备甚至打骂一顿孩子呢？而小豆豆的妈妈没有告诉小豆豆这次退学的事情，只是在心里想着："如果小豆豆因为退学这件事，在内心留下自卑的情结，那就不好了。等她长大以后，再找个机会告诉她吧。"

世上几乎所有的妈妈都知道，自己情绪的稳定，意味着家庭的幸福，意味着能够予孩子在漫长的成长中以良善的性格和卓越的高情商。但每次遇到孩子带来的或大或小的麻烦，我们常常就是会控制不住火冒三丈，无法在心底真正释怀，让孩子慢慢长大。其实，孩子在长大的过程中，每一次的不同经历，都是他人生的第一次，若我们用我们已经无数次经历过的经验去"评判"他的所为、他的过程、他的结果,那无异于用一个复杂的数学公式去"打量"1+1的样子。如此,感到愧疚的不应该是我们大人吗?

在《窗边的小豆豆》全书的每一页中,我们都觉得"患有"多动症的小豆豆,非但不令人嫌厌,还可爱至极。待你细细读来,就会慢慢发现,是她的妈妈由始至终地造就与衬托了她的可爱,是从来不会发脾气的妈妈,春风化雨般不惊、不怒、不气,遇到任何事情都只是常静对话,这绝对称得上是一位"天选的妈妈"。

大家都知道,小豆豆喜欢钻带刺儿的铁丝围着的篱笆,铁丝上尖尖的刺总会钩住衣服,把衣服撕破。有一回,她穿的裙子撕破的样子却很奇怪——

> 从背上到屁股那里,共撕开了七个大口子,破破烂烂的像是背了一个掸子。……想啊想,小豆豆好不容易想出了一个好理由。
>
> 回家以后,小豆豆对妈妈说:
> "刚才,我在路上走的时候,别的孩子都往我背上扔刀子,才成了这个样子。"
> ……
> 妈妈只说了句:
> "啊,是吗?这可太吓人了。"

面对如此情境的妈妈，并没有将小豆豆拉扯过来，急急而惊吓地追问被扔刀子的细节，而是在内心仔细分析——

> 刀子扔到了后背上，身体却一点儿没有受伤，只把衣服弄得破破烂烂的，这样的事根本不可能发生。更重要的是，小豆豆丝毫没有受惊吓的样子，一看就知道是在说谎。不过，连小豆豆也想找一个借口，这可是她从来没有过的，可见她在意这件衣服，不愿意弄破。"真是个好孩子"，妈妈这么想着。

不但不惊，而且分析、观察后予以肯定，能这般情绪稳定、心如磐石的妈妈，我迄今为止，见过只此一位。而这样的妈妈，培育出日本百年最了不起的一位女性，实在值得我们学习与深思。

2. 一个将孩子视作来报恩的妈妈

为什么小豆豆的妈妈能如此平静地对待一个不断惹麻烦的孩子呢？主要是因为，她始终将孩子视作是来报恩的。小豆豆从长大到老后也经常说："妈妈从来没有训过我，也没有打过我。"而小豆豆的妈妈却解释道："也许因为孩子他爸是个性格暴躁的人，我和孩子都喜欢温和的处事方式。"

这自然是其中的缘由之一，其实最重要的是小豆豆的妈妈觉得，孩子来到这个世上，选择了她，是来报恩的。人们常说，这种来报恩的天使型的孩子，从小便很少哭闹，除非特别委屈与难过时。所以在《窗边的小豆豆》中，我们可以看到小豆豆几次落泪，看到她会请求，会哭，但不会闹。

小豆豆小时候曾经有过"一生的心愿"，那就是养两只小鸡——

> 小豆豆拿定了主意，除了小鸡，什么都不要，

她向爸爸妈妈鞠了一个躬，说：

"求求你们了，给我买只小鸡吧。"

但爸爸妈妈还是坚持着：

"你以后会哭的，还是不要的好。"

小豆豆呜呜地哭了起来，一边哭一边向回家的方向走去。走到刚才来时昏暗的地方，她又抽泣着说：

"求求你们，这是我一辈子的心愿。一直到死，我再也不会说要买什么了。给我买只小鸡吧！"

从这样的细节里我们可以发现，小豆豆先是鞠了一躬，后再请求，虽然还是哭了，但依然一边哭一边向家走去，最终用"这是我一辈子的心愿""我再也不会说要买什么了"达成了愿望。这样懂事的孩子，不是来报恩的，又是什么呢？

而就是这种懂事与报恩，让小豆豆的妈妈即使在小豆豆彻底被退学前屡次三番地受到学校老师的"折磨"，也依然一次都没有发脾气责骂她。当小豆豆在原公立学校上学第一周还没结束的时候，小豆豆的妈妈就被班主任叫到学校去，告状说："她太活泼了，上课时不是和旁边的小朋友说话，就是往外面看……总是动来动去不得安宁。"但小豆豆的妈妈却觉得："我的孩子就是这样，这种表现已经算好的了，孩子要是不活泼，那可就难办了。"

活泼其实是孩子最自然的天性，他们总是很快乐，脸上充满了阳光与自信，善于表达，能与小林校长一聊便聊四个小时；他们喜欢与人互动，满心的好奇，懂得思考，能更早地知晓善恶，从而更为善良；他们独立，喜欢探索，不拘泥于形式，可以毫不畏惧、每天蹦蹦跳跳地一个人去上学。对于拥有这般天性的孩子，他们不是来报恩的，又是什么呢？

当然，来报恩的孩子毕竟是孩子，他们活泼的天性自然比安静的孩子会惹更多的麻烦。被叫到学校去的小豆豆的妈妈在十天后，又再次被老师叫去了学校，这次是因为宣传艺人的事——

> 有一次上课的时候，外面传来了宣传艺人的演奏声，彻子（当小豆豆成年后，她的妈妈不再叫她小豆豆，而是称呼其名为"彻子"）就打开窗户大声叫道："宣传艺人叔叔，到这儿来！"
>
> 宣传艺人就真的过来了，对着教室的窗户开始表演。虽然只持续了三分钟，但不用说也知道，学校的课是没法上了。

即便再次被告状，甚至被劝退，小豆豆的妈妈回到家后也一个字都没跟小豆豆提。她只是心想，一个小学一年级的孩子，如果见到宣传艺人一点也不觉得好奇，那倒是有些无趣了。

这般维护孩子天性的妈妈,其实内心只有朴素的感恩与护爱——"我总觉得父母和孩子在一起的时间其实很短暂,还要除去上学和睡觉的时间,实在是所剩无几。所以我暗自下定决心,绝不在这样宝贵的时间里跟孩子张牙舞爪、歇斯底里地大发雷霆。"

事实的确如小豆豆的妈妈想的一样,我们真正跟孩子在一起的时间不过短短的十年。孩子两岁前,只知吃喝拉撒,并无太多与父母之间的情感互动;而当孩子成长到十二岁,开始进入青春期,通常便封闭了自我的内心。所以,我们的孩子真正属于我们的,仅仅只有十年。

3. 一个勇敢而独立的妈妈

阿朝大学退学后便结婚生子，嫁给小提琴家黑柳守纲，生下长女黑柳彻子、长子明儿、次子黑柳纪明、次女黑柳真理。其中，长子明儿在1944年因败血症而过世。后阿朝在四十七岁高龄生下三子黑柳贵之。

她与守纲经历过战争与逃难，婚姻持续五十三年，始终是一位贤妻良母型的家庭主妇，仅是偶尔因战时的生活困窘开过蔬果店等。守纲几乎时刻都离不开阿朝，哪怕阿朝去车站旁边的邮局，或者到家附近的蔬菜店买根萝卜都要跟着一起。在新婚之后、小豆豆出生之前，守纲更是到哪儿都带着阿朝，去唱片公司、去管弦乐队的排练场，直到1983年守纲过世，他总是不愿意阿朝离开他的左右。就是这样的阿朝，在七十二岁之时，在守纲并未留下什么遗产后，开始了独立生活。她写作，成为散文家，写下一本又一本的书。1982年她完成了第一本书《阿朝来了》，此后又在1985至2006年间，出版了《阿朝才会这么做》《奶奶呀胸怀大志》《阿朝来这里的路》《阿朝的心总是哥伦布》《名叫阿朝的我，是心中开满鲜花的奶奶》《小豆豆与我》《因为有了花，所以一直很幸福》《魔女阿朝——趁旅行之际》《阿朝物语》《阿朝快100岁了》。也就是说，阿朝从七十多岁才开始写作，成为作家，一直书写到她过世前的九十五岁。从书名中我们可以发现，她喜欢花儿，喜欢像哥伦布一样去远行。

而且，她不光写作，还真的勇敢地心想："对呀，从现在开始去国外生活，也不是什么做不到的事。"于是，她在美国旧金山郊外一个名叫"圣卡洛斯"的小镇，有了梦寐以求的"我一个人"的家。

其实阿朝与守纲在老年时，就离开生活了四十年的东京，搬到镰仓居住，两人安安静静地在有院子有花有树的地方恬然共处过一段晚年时光。守纲三年忌过后，小豆豆劝妈妈回到东京，四个孩子都希望妈妈和他们一起居住，但阿朝仍然借住在一处小小的房子里，过着一个人的生活。

阿朝骨子里有一种女人少有的独立内心，丝毫不愿去打扰别人的家庭，虽然也会偶有寂寞，但她总会有办法排解，总会不断鼓励自己要有勇气面对未来。这一点，非常完美地遗传给了小豆豆，她们笔下的日常，皆在幽默中力透着仿佛能溢出纸面的乐观。她就是那样温暖、微笑、坚强、满怀感恩地望着自己的孩子一个个、一点点长大，对于养育孩子，对于教育，觉得自己所做的少之又少，反而是孩子们教给了她很多东西。

4. 越活越精彩的妈妈

阿朝出生于北海道空知郡泷川村，也就是现在的泷川市。一百多年前，这里是无医村的农家乡下，阿朝的父亲——门山周通因这里没有医生，便移居至此开设了医院。作为松山藩家臣的门山家，子承父业却走入偏野乡村的那份心志，或者在骨血里也流进了阿朝的内心，给予她勇敢与善良。

一个人要离开自己熟悉的生活环境异地而居，一定需要莫大的勇气，何况是在七十多岁的高龄从日本东京远至美国的加州。到了加州的阿朝并未隐居，而是让自己一个人的生活愈发精彩。八十岁时，她成为了日本主妇与生活出版社的海外特派记者。在美国生活期间，她还开始到各地甚至加拿大去巡回演讲，且是真正的、长达两个半月的巡回：从夏威夷到洛杉矶、旧金山、西雅图、温哥华，一路北上，最后的目的地是丹佛。

而令人更为惊奇的是，她在那般高龄之时，还成为了一个老年演员，出演了电视连续剧《小豆豆!》中的自己；更做了一回声优,在动画片《阿朝物语》里让自己的声音真情出演。不仅如此,《阿朝来了》被改编成电视剧后,她回到了阔别已久的故乡泷川,从那时起,她开始挂念故里,并改变了这个以农业和奶酪业为主的城市:电视剧在取外景的那段时间,整个小城变得像过节一样热闹,就连她父亲久远前留下的"门山医院"也得到了复原,很多市民更是踊跃前来当群众演员。电视剧拍摄完成后,阿朝想:"好不容易让全国的人知道了泷川这个地方,又要让它在大家的记忆中慢慢消失吗?"于是,她在泷川被邀请去演讲时,自内心脱口而出道:"把咱们的泷川变成波斯菊之城吧。咱们想办法实现这个梦想吧!"她的心愿果然得以实现。第二年秋天,每家每户的小路、偏僻的小胡同,都开始有温柔的波斯菊绽放。1989年,泷川市举行了首届"波斯菊节",有几万人从全国各地赶来参观。

阿朝最后留给故乡的,是她的美丽的艺术收藏。她把几十年收集来的欧洲古董捐给泷川市,笑称——

> 阿朝也在收藏,
> 贝壳、蜡烛和串珠手包。
> 那些古老而美丽的东西,
> 好多好多年过去,
> 这才发现,
> 自己已经成了老婆婆。

自七十二岁之后,她不断一次又一次迎来全新的自己:第一次召开记者见面会、第一次当红白歌会的评委……她对人生多彩的尝试,似乎没有止境。

也就是这样一位老太太,造就了女神一样璀璨的女儿——小豆豆。而她们母女,美丽、和谐、嬉笑着相处了七十多年,她们同是住在美丽世界的旅人,始终追求着外在与内心美的共存,多么让人羡慕的一对母女呀。

十二

小豆豆的爸爸

1. 小豆豆的爸爸的一生

小豆豆的爸爸在全书中首次登场，借用了妈妈之口。小豆豆正疑惑着，校长先生有那么多电车，实际上是车站的人吧？小豆豆的妈妈慌忙解释说："你想一想，爸爸是拉小提琴的，他有好几把小提琴，可是他并不是卖小提琴的呀。"由此我们可知，小豆豆的爸爸是个小提琴家，且将一生奉献给了他的小提琴事业，从未曾放下过手中的琴——

> 爸爸是真正热爱小提琴，因为这个，他甚至被逐出家门，成为被家族和亲戚们所弃的不肖之子，后来又经历了很多艰难坎坷。即便如此，爸爸也始终没有放弃对小提琴的热爱。

小豆豆的爸爸名叫黑柳守纲，1908年出生于东京，卒于1983年，也就是《窗边的小豆豆》出版两年后。守纲的父亲田口洁矩是一位医生，且兼做天主教本所教会长老，是教会中德高望重的信徒，守纲是他的第四个儿子。守纲八岁时，父亲田口洁矩过世，以致守纲与哥哥田口修治一样，十二岁起便开始到三越绸缎店打工，且于同年的1920年加入三越少年乐队学习小提琴，从此毕生与小提琴缘分不断。可惜的是，1922年三越少年乐队遭遇解散。

此时，相信细心的读者已经发现，小豆豆的爷爷、伯父都姓田口，为何小豆豆的爸爸却姓黑柳呢？那是因为，守纲后来过继给黑柳家做了养子，依日本传统，养子要改为收养家族之姓。而守纲何时成为黑柳家养子的，目前并无记载。

此后，在1922年至1932年的十年间，他因与山田耕作密切结缘从而进入日本交响乐协会。1937年1月，在二十九岁之时便担任新交响乐团（NHK交响乐团的前身）首席，即小提琴的头把交椅。1942年与寺田丰次、田中秀雄、橘常定一起组建东京弦乐四重奏乐团，曾获得每日新闻优秀演奏家奖。

与妻子黑柳朝结识，是在她在东洋音乐学校（现在的东京音乐大学）声乐系的读书时代。他们因共同演出贝多芬的《第九交响曲》而一见钟情；二人很快结婚，并育有三男二女——彻子、明儿、纪明、真理、贵之，长子明儿后来患病夭折。

在守纲自幼与音乐和小提琴相伴的岁月中，曾历任新交响乐团、东京交响乐团等当时日本主要管弦乐团的首席。另外，作为录音室的演奏家也发挥了自己的才能，在1954年上映的

《哥斯拉》系列第一部电影中，他受作曲家伊福部昭的委托，录制并演奏了该部电影的主题曲。守纲在东京交响乐团时，斋藤秀雄曾经做过大提琴手。据斋藤的弟子、当时还只是高中生的小泽征尔回忆说：斋藤时任东京交响乐团指挥，乐团的首席便是黑柳守纲。

2. 小豆豆与爸爸

小豆豆的爸爸第二次出场,是小豆豆在向校长先生介绍自己的爸爸:爸爸很擅长游泳,连跳水也会。后来,在书中"游泳池"一节中也有提到,小豆豆曾和爸爸妈妈去镰仓的大海里游泳。

而小豆豆小时候,在几乎一刻都安静不下来的情况中,只有去爸爸的排练场时,才会端端正正地走路——

> 小豆豆的爸爸是乐团的首席小提琴手。……不过让小豆豆感到有趣的是,有一次她被带去看爸爸他们乐团的演奏会,演奏结束时,观众们都鼓起掌来。这时,满头大汗的指挥叔叔转身面向观众。他走下指挥台,立刻同小豆豆的爸爸握手。……

据书中的细节描述我们还知道,小豆豆的爸爸所在的乐团由山田耕作所创立;"满头大汗的指挥叔叔"是当时欧洲非常有名的指挥家——罗切斯托克。

小豆豆小学一年级时,除了在学校的丰富生活之外,爸爸妈妈同样给予了她多彩的童年陪伴,比如夏日到海边、冬天去滑雪,这在1940年代初,也算是奢侈与上等的——

> 爸爸的朋友——同一乐团的大提琴手兼指挥斋藤秀雄先生,在志贺高原上拥有一所非常棒的房子。所以,几乎每年冬天,小豆豆一家都去那里度假。小豆豆从上幼儿园的时候起,就开始学习滑雪。

而不知为何,在这些小豆豆的爸爸陪伴小豆豆的众多假期当中,我感觉似乎极少在这位爸爸的脸上见到微笑。2002年我开始编辑《窗边的小豆豆》,2003年1月该书出版,漫长的二十余年间,我从头到尾一字一句研读过数十遍这本书,始终的印象是,小豆豆的爸爸常常是严肃、阴郁的,与每日朗明、活泼的小豆豆的妈妈截然互补为对比。这或许与童年便丧父的经历有关,好在这位天才少年提琴手可以把自己的内心大部分倾注于音乐,小部分倾诉给小豆豆的妈妈。

但在生活与爱情中,小豆豆的爸爸却是一位上乘的男人,有着善良而浪漫的因子,这一点,我们通过书中"洛基不见了"一节,以及他有自己培育兰花的温室可以想见。

3. 小豆豆的爸爸与小豆豆的妈妈

小豆豆作为家中的第一个孩子，虽然全书中除了去巴学园上学绝大部分时间都和妈妈在一起，但也多次出现过爸爸妈妈与小豆豆一家三口去海边、逛庙会时的情景。

在"一生的愿望"一节里，小豆豆第一次逛庙会，便让她遇到了卖小鸡的——

> 小豆豆蹲了下来，以前还从来没有看到过这么小、这么可爱的小东西呢。
>
> "买一个好吗？"
>
> ……
>
> 妈妈小声说：
>
> "这些小鸡，很快会死的。怪可怜的，不要买了吧。"
>
> "为什么？"

小豆豆的声音里已经带上了哭腔。爸爸走远一点,以免被卖小鸡的人听到,然后告诉小豆豆:

"那些小鸡虽然现在很可爱,但身体太弱了,很快就会死的。那时候,豆豆助就要哭了,所以爸爸妈妈才不买。"

通过如上描写与对话,我们可以发现,小豆豆的爸爸与妈妈的意见始终是一致的,包括在整本书中妈妈的各种决定,比如选择入学一共只有五十多个孩子的巴学园,虽然小豆豆似乎并不"知情",但我们仿佛能够感知到小豆豆的爸爸一直都在默默支持并尊重着妻子的决定,包括这次买小鸡也一样——他还是一位内心有礼与善良的男人,没有当着孩子的面给卖小鸡的商贩以难堪。

但其实,年轻时的小豆豆的爸爸,许是因为音乐天赋超人,许是因为自幼失去父亲,对于小豆豆的妈妈的爱,有着极度的贪恋、占有,甚至霸道,但在长年的婚姻中,素来严肃的他,更多的微笑也是给予了妻子。小豆豆的妈妈曾经自诉,自己是被"抢婚"的,他们的第一面简直糟糕。1929年,小豆豆的妈妈从北海道远赴东京,到东洋音乐学校学习声乐,寄宿在舅舅家中。某一天,她去参加东京交响乐团主办的贝多芬《第九交响曲》音乐合唱会,这是她第一次遇到作为乐团首席的守纲。那天早上,守纲送给她的第一句话便是异常严厉的斥责:

"你麻木不仁的大嗓门正在毁掉乐团!"从那天起,小豆豆的妈妈开始张嘴假唱。彼时,小豆豆那做医生的外公刚好正想召回女儿,入赘一个年轻的医生接替自己。备受打击的小豆豆的妈妈也决定参加完这场合唱会便回到家乡。殊不知,合唱会结束后的第二天,小豆豆的爸爸便将她带到自己住的公寓,向公寓的同住者介绍"这是我爱的人",并拉起小提琴宣告了自己的爱。

此后,在二人五十多年的婚姻中,小豆豆的爸爸对小豆豆的妈妈始终敬中有爱,甚至带着一种"爱妻家"的味道,就连去乐团排练时都会不舍地携妻子同往。

另外,《窗边的小豆豆》中曾经出现过小豆豆的耳朵,在与她最喜欢的爱犬——洛基玩"狼来了"的游戏中,差点儿被咬掉的一次险情——

> 小豆豆"啊——"的一下明白是怎么回事的时候,她的右耳朵已经耷拉下来了,鲜血汩汩地流了出来。
>
> ……
>
> 爸爸妈妈终于明白这是被洛基咬的,答应"不怪洛基",小豆豆才把手松开。
>
> ……
>
> 虽然爸爸许诺过"不怪洛基",但他觉得不训

诫洛基几句，未免也太不像话了。可是妈妈用眼神示意"已经答应过了"，爸爸才勉强忍住了。

在自己的孩子的耳朵几乎被狗咬掉的情况下，因为与妻子有约定，脾气执拗而暴躁的守纲还是忍住了。但其实他内心里想必对洛基也有着格外的情感。小豆豆出生后不久，守纲为了让小豆豆能成为一个拥有自由飞翔翅膀的孩子，搬离了之前结婚时那简陋的公寓，到北千束租了一栋有红色屋脊的房子。当小豆豆六岁、明儿四岁时，洛基已经来到了这座红房子，所以，或者其中更多是对妻子的尊重，但应该也有一部分缘由是洛基已被视为家里的"孩子"一般享受着宠爱。

4. 小豆豆的爸爸是个怎样的男人？

"小彻子，小彻子！"

小豆豆总是以为人家叫的是"小豆豆，小豆豆"，甚至还以为"小"字也是自己的名字。只有爸爸例外，他不知从什么时候开始，称小豆豆为："豆豆助。"

不知道为什么要叫"豆豆助"，反正，只有爸爸一个人这样叫，比如：

"豆豆助，帮爸爸捉玫瑰花上的象鼻虫好不好？"

这是《窗边的小豆豆》中，对于爸爸赋予小豆豆独特称呼的介绍，其中可以看出，爸爸也有可爱的一面。那么小豆豆的爸爸到底是怎样一个男人呢？守纲似乎恰如其名，执着且极具正义感，在大是大非面前清晰善恶，甚至有不为五斗米折腰的英气。

当战争露凶之时，孩子们已经很难再实现让自己的饭盒里不光有"海的味道"还要有"山的味道"，所有的东西都开始靠配给，商店里再也找不到一块点心之类的东西，小豆豆更是很久没有吃到过奶糖了。交响乐团成员的工作也越来越少，可以想见，家庭境遇彼时陷入了怎样的艰难。可即便如此，小豆豆的爸爸还是坚决拒绝去军需工厂拉小提琴以换得一些食物。

"……我的小提琴，不想用来演奏军歌。"

妈妈说：

"是啊。那就算了吧。吃的东西，总会有办法的。"

爸爸知道……如果自己去一趟军需工厂，演奏几首军歌，能够拿回一些礼物来，家里人会多么高兴啊！……

但是，比起这些来，爸爸更看重自己的音乐。妈妈也深深地理解爸爸，所以，妈妈从来没有抱怨"如果能去一趟就好了，可你却……"之类的话。

爸爸痛苦地对小豆豆说：

"对不起啊，豆豆助。"

可见，生性崇尚自由但内心高贵、善良的小豆豆的爸爸，是极为厌恶战争的。据说，在见过太多的残虐与血腥，又强制拘禁在西伯利亚长达近五年后，守纲性情大变，在后半生的时光中便多现了一丝温柔。

总之，读过《窗边的小豆豆》的读者都能够细微地发现，小豆豆与妈妈要比与爸爸亲近得多。而如果你再读一读小豆豆妈妈写的随笔集，更能够强烈地感受到，小豆豆天真、直傲、美娇，甚至大大咧咧的性格都与妈妈极为相似，但她的执着，却更多地来自爸爸。

5. 小豆豆的爸爸的兄弟们

据目前的史料可以了解到，作为田口洁矩的第四个儿子的黑柳守纲，有三个哥哥、一个妹妹。三位兄长中的两位一生也颇有成就。长兄田口樱村是松竹蒲田摄影所的第一任所长；三哥田口修治是日本一流的摄影记者、电影导演、电影制片人。

松竹蒲田摄影所于1920年6月开所，1936年1月15日关闭，是曾经的日本电影工作室。从大正时期到战前，作为松竹电影的现代故事电影的工作室运行了十六年，通称"松竹蒲田"。松竹蒲田成立初期，便从好莱坞邀请了技术人员，并首设明星制度等，成为日本电影黎明期理念颇为先进的摄影所。城户四郎成为所长后，连续创作了通称为"蒲田调"的作品，开辟了日本电影一个时代的辉煌，小津安二郎、成濑巳喜男、田中绢代、高峰秀子等电影名家辈出，还制作了日本第一部真正的有声电影。

田口修治虽然只活了短短的五十一岁，但在1948年10月成立了自己的电影公司，以独立制作纪录片为主。1950年，修治所拍摄的《台风眼》上映，这是世界上第一部在台风眼内拍摄的历史纪录片。这位伯父，在小豆豆即将上小学时还送了礼物，可见守纲与兄长之间的关系是良善而温馨的。

而估计身为医生的田口洁矩从未曾想过，自己的儿子们会走上音乐、新闻与电影之路，应该更没预料到的是，孙女后来成为了日本20世纪历史上最耀眼的女性。

十三

小豆豆最好的朋友——泰明

1. 特殊的存在——泰明之于小豆豆

患有小儿麻痹症的泰明，对于小豆豆一生来说，始终是一种特殊的存在。小豆豆后来曾提及："遇到泰明，是我人生中非常重大的一件事情。"

> 小豆豆从后面看到这个男孩走路的样子，赶紧停住了东张西望，用手托着腮，一直盯着这个男孩。男孩走路的时候拖着腿，每迈出一步，身体都摇晃得很厉害。一开始，小豆豆以为他是故意装成这样的，可是看了一会儿之后，渐渐明白他并不是故意装的，而是本来就这个样子。

这是小豆豆第一天到巴学园上学，在教室第一次看到泰明。

长大后的小豆豆，成为了联合国儿童基金会亲善大使，每年都会访问发展中国家，还将《窗边的小豆豆》的版税全部捐给了豆豆基金会，并为聋哑人建立了剧团。对于一部超级畅销书而言，捐出所有的版税，并非一件小事。从小豆豆谈到此事的诸多话语中，我可以感觉，她始终是怀着纯洁的感情来做这件事的。同时我不由联想到，小豆豆所做的社会公益活动，很大程度上应是受到了她与泰明一起度过的童年在心中留下印记的影响。

小豆豆在接受采访、谈及她的社会公益活动时曾说："我在巴学园，和一个叫泰明的孩子一起度过了很多时光。"我相信，小豆豆对与泰明相遇并建立友谊，有着美好的回忆，这也是她以毕生之力不倦投入慈善的主要原因。

童年的特殊遇见，唤醒了小豆豆心底的良知与善情，并埋下将它们传递下去的种子，再加上小林校长以及其他同学同样对泰明的平视与接纳，改变了小豆豆幼小的心灵，使之心性发生变化，在此后长大的世界，这颗良知与善情的种子也随之发芽。

小豆豆从小性格便极为开朗、外向、乐观、明快，她创建聋哑人剧团，其实内心是想使得那些残缺的人以自己的视角去看这个世界。她对他们的帮助，是希冀以自己的心灵之美，使得他们也因此变得良善。能够帮助别人，常常会令一个人内心愉悦，觉得自己在做一件世界上最美妙的事情。

如书中所述，当小豆豆第一次看到一个孩子，拖着腿，每迈出一步身体都摇晃得非常厉害之时，她的那份震惊与油然而生的想帮助他的心情,都极度符合此时已九十岁的小豆豆一生的性格。回想小豆豆做过的林林总总的万千件事情,她永远热情,从无任何自私的推诿,应是她总觉得,从未曾遗忘的泰明,就在云上望着她。

而此刻我突然发现,小豆豆小时候的记忆,那般细微与清晰。人们都说,幸福的童年可以治愈一切,想必巴学园以及小林校长、爸爸妈妈、泰明等小同窗们围绕着的童年,让小豆豆坚持向上而绝无悲观与悲苦。

2. 小豆豆与泰明的相遇

"你为什么那样走路呢？"

男孩的声音温和而平静，听上去非常聪明懂事。

"因为，我得过小儿麻痹症。"

"小儿麻痹症？"

小豆豆反问道。在这之前，她还从来没听过这个词。男孩稍微压低了一点声音，说：

"是的，小儿麻痹症。不光是腿，我的手也……"

与泰明的相遇，在善良的小豆豆心底逐渐唤起了浓浓的爱惜与情意。全书中有关泰明与小豆豆的部分，给人的感觉都是泰明被帮、被护、被爱着，但其实，小豆豆从泰明那里也收获了很多，只是因为作为主角的小豆豆太过"抢眼"，而往往显得清淡。

是泰明第一次告诉了小豆豆关于电视机的存在。当时年纪尚小的小豆豆一定未曾想过，电视机对于不便离家远行的泰明来说，该是多么开心的神迹。她只是可爱地努力想象，相扑手怎么从那个叫电视机的盒子里出来。而当时的他们二人应该更是没想到，小豆豆长大后，几乎每天都会出现在电视机里。想必，当小豆豆第一次看到电视上的自己，一定兴奋无比，远在天堂的泰明，也定会非常开心吧。

电视机 1928 年左右在美国开始普及，而日本的电视事业则 1953 年才起步。泰明知道电视机与电视台，是他在美国的姐姐告诉他的。他的漂亮姐姐后来于他的葬礼上再次现身。

读书也是泰明引领小豆豆的。泰明春假前借给小豆豆的书是《汤姆叔叔的小屋》，除了在巴学园图书室里看书，这是全书唯一一次提及小豆豆在家看书。《汤姆叔叔的小屋》又名《黑奴吁天录》，是美国女作家哈里特·比彻·斯陀夫人于 1852 年发表的一部反奴隶制的畅销小说。小说塑造了多个生动鲜活的人物形象，譬如慈爱忠厚的黑人保姆，善良可爱的黑人小孩，以及顺从坚忍并且忠心耿耿的汤姆叔叔。这部小说 1897 年至次年在日本《国民新闻》上连载，当时的日文书名是《汤姆的茅草屋》。该书 1907 年至 1933 年间，在日本出版过四个译本。这部超过二十万字的长篇小说，对于小学三年级的泰明来说是艰深的，但这也恰恰说明，身残的泰明出身于教育良好的家庭。而泰明阅读此书，似乎仿佛能让我们看到他那弱怜的精神世界。汤姆是美国的奴隶，受到迫害和歧视。或许，泰明也因为残疾而受到冷眼,他对汤姆应有着深深的同情,但从他第一天遇到小豆豆起,小豆豆给予他的,就并非是同情,而是平等的善意。

3. 小豆豆与泰明的友情

《窗边的小豆豆》中曾发生过一次最惊心动魄的冒险,那就是用整整五页写成的"大冒险"——小豆豆请泰明爬她的树。然而,让一个严重的小儿麻痹症孩童爬树,几乎没有可能,因为他的手脚是全然无力的,所以整个过程艰辛而惊险——

> 从第一步到泰明登上梯凳的最高一级,总共用了多少时间,泰明和小豆豆都不清楚。在夏日的阳光里,两个人什么都不想。总之,只要泰明登上梯凳的最高一级就行了。小豆豆跟在泰明的后面,用手抬泰明的脚,用头顶住泰明的屁股。泰明也用尽了全力,一点儿一点儿地,终于爬到了梯凳的顶部。

这次的冒险,小豆豆与泰明相约向家人保密,因为是极大的冒险,两个孩子都有可能从树上摔下来,若在行动之前便被知晓,最终的结果一定是无奈放弃。但是,小豆豆视泰明为最好的朋友，好朋友不但没有自己的树，更是没爬过树。小豆豆在巴学园所拥有的自己的树很粗，会更难爬些，请好朋友爬容易爬的树与爬自己的树，自然意义不同。

为了让泰明爬树，小豆豆知晓自己在真正地说谎——她说是去住在田园调布的泰明的家。说到田园调布，山本惣治的府邸也在田园调布。至此，虽然我们无法确认山本惣治府邸是否就是泰明的家，但至少可以知道，山本惣治是泰明的亲族，而这位亲族就是日本著名的实业家、日产汽车的创始人之一。

其实，小豆豆并没有真正去过泰明的家，而素来诚实的她却甘愿为了实现泰明之心愿说谎、冒险、想方设法，最终将不可能变为了可能。那样一幕令人震惊的冒险，在夏日的太阳中，小豆豆从未有过放弃的念头，虽然那太难、太令人绝望。终于登上了梯凳的泰明，即便小豆豆如何用力想将他拉到树杈上，却做不到，最终只能让泰明躺下来，两个人都摇摇欲坠着，但彼此的信任与信念，神助这两个友爱的孩子得以成功。她想让他看到更多东西，她做到了帮助自己的好朋友第一次在树上看风景，那是唯一的一次，也是最后的一次。

细想，小豆豆虽然是冲动的性格，但聪慧的她自然知道此次冒险行动的危险性，而更为稳重、清聪的泰明肯定也知晓若失败的后果，可是对于遥遥愿景的执着，更丰盈着他们的内心，想给他们的友情留下一份至美的记忆。

4. 泰明与小豆豆的别离

在电影《窗边的小豆豆》中，有这样一个场景：泰明在车站借给小豆豆一本书，最后喃喃自语着什么。虽然在电车声中我们听不到泰明最后到底说了什么，但这一幕给我留下了深刻的印象。这也是泰明和小豆豆最后的相见，所以我很好奇泰明想说什么，也思考了很久。我觉得泰明说的最后一句话或许应该是："很开心"和"我不会忘记你的"。因为在书中，他也喃喃地对小豆豆说过"我不会忘记你"。可见，泰明在巴学园遇到了小豆豆，度过了他短短一生中的快乐时光。

书中"泰明死了"是最令人伤痛的一节——

> 泰明睡在棺材里，被花朵围绕着，闭着眼睛。虽然泰明死去了，却像平时一样，看上去那么温和，那么聪明。小豆豆跪下来，把白花放在泰明的手边，然后轻轻地抚摸了一下泰明的手，这是小豆

豆曾经拉过多少次的手,是令小豆豆留恋不已的手。和小豆豆又脏又小的手相比,泰明的手非常白皙,手指修长,像是大人的手。

泰明年长小豆豆一岁,故去之时大概九或十岁左右。而泰明的突然离世,也给小豆豆留下了八十多年的伤痛;她九十岁之时,再回首般回忆说:"这个世界上有些事情是莫名其妙的不公和荒谬。我想我第一次明白这一点,是遇到泰明和他去世的时候。"

其实,泰明的离世对于刚刚八九岁的小豆豆来说,是极为沉痛的心底记忆。虽然之前小鸡的死让小豆豆略微懂得了何为死亡,但毕竟小鸡只跟她相处了几天,泰明却不同。从小豆豆第一天到巴学园起,她就非常喜欢泰明,"休息的时候,吃午饭的时候,放学后往车站走的时候,总是和泰明在一起"。这种朝夕的相伴,从此不会再有,所以,那种沉痛的失去,让小豆豆记了一辈子。这次的命运恶遇,使她幼小心灵遭受重创,但毕竟还是一个不是十分懂得死亡到底意味着什么的孩子,在悄悄与泰明道别时,小豆豆故而还想象着:"等我们长大以后,有一天会在什么地方碰到……《汤姆叔叔的小屋》,虽然已经不能还给你了,就让我保存着,一直到再见到你的那一天。"

2024 年 8 月,小豆豆迎来自己的九十一岁高寿,从被退学,到因战火永远失去巴学园,到战时一天只有十五颗豆子的食物，再到一直在各种事业上拼搏至此刻，我仿佛看到，她心底一部分在为泰明而活。泰明的逝去，让小豆豆怀着对逝者的爱，更加珍惜自己的生命，努力成就着自己的人生，以告慰泰明。

5. 泰明的死因

泰明是在上小学四年级之前的春假期间去世的。虽然小林校长与小豆豆都未曾明确泰明是否因小儿麻痹症而死，但任何人都可以猜测，应是因为此病。脊髓灰质炎俗称小儿麻痹症，是一种由脊髓灰质炎病毒引起的疾病。顾名思义，脊髓灰质炎通常会影响儿童，并可能导致四肢瘫痪甚至因呼吸困难而死亡。《窗边的小豆豆》的故事发生在上个世纪40年代，所以泰明没能活下来。日本是1961年开始紧急接种进口疫苗，1963年进入常规接种范畴，此后逐渐完全消灭了这种疾病。1916年，全球第一次暴发小儿麻痹症，重灾区的美国共有两万七千人感染，死亡人数超过六千人，就连美国在位时间最长的总统罗斯福也被这场瘟疫所波及，从此终身瘫痪。

在泰明去世已经七十年后，突然有一天，泰明的一位亲戚出现在了小豆豆主持的电视访谈节目《彻子的小屋》里。2014年1月22日，明星中川翔子作为嘉宾出场。翔子告诉小豆豆，她的祖母——荣子是泰明的表妹，小豆豆瞬间泪流满面。小豆豆说，我完全未曾想过，我会从我的嘉宾口中听到我最喜欢的泰明的事，而且他们还是亲戚。

其实，中川翔子已经算是历经三代过后的泰明的远亲，但即便如此，当小豆豆偶遇再次与泰明的丝微的相连，却还是会激动异常，可见，泰明在她心里留下的是怎样深深的印记。

当《窗边的小豆豆》的动画电影于2023年11月在日本公映之时，翔子与母亲去看了电影后动情地写道："画作、光线、氛围完美绝伦的影片，还有泰明活生生的证明，他在巴学园和小豆豆一起度过了一段美好时光。他爬树、自由自在地游泳，活得色彩斑斓，我以一个亲戚的角度看到这一切，眼泪止不住地流了下来。"

数千年的世事流转，我们无从得知有多少孩子因病、因饥饿、因种种不幸而夭折，父母亲人的痛惜也随风消逝于渺渺，但有一个九或十岁便故去的叫泰明的孩子，却被小豆豆锁固在八十多年的记忆中，然后用文字将他书写下来，于是这个名字流传至日本、中国，乃至全世界，让数以亿计的孩子知道了他——

身后仿佛传来泰明的声音：

"小豆豆，和你在一起，度过了很多快乐的日子！我不会忘记你的。"

"是啊。"

小豆豆走到教堂的出口处,又回过头来,说道:

"我也不会忘记泰明的!"

  他们彼此间的这个约定,此时已绵延八十多年,或已镌刻在历史长卷中,将继续绵延八百年。因为小豆豆已与巴学园密不可分,她的目光久长地萦绕在巴学园的上空,且仿佛能不时地听到巴学园孩子们的嬉笑声,那一众小小的身影中,还有小豆豆与泰明的相追、相随。

十四

小豆豆的同窗们

1. 从小学一年级，到半个世纪的友谊

《窗边的小豆豆》后记中小豆豆曾写道——

> 我们这些巴学园的学生，不管是哪个年级的，每年的十一月三日——巴学园开精彩运动会的那一天——就会借用九品佛寺庙的房间，大家聚到一起，度过快乐的一天，这个习惯一直保持到现在。大家都已经年过四十，转眼就快五十岁了，都已经为人父母，但大家还是互相称呼"朔子"、"大荣君"，和小时候一样。我们能这样亲密地交往，也是小林先生留给我们的礼物。

这篇长长的后记，是小豆豆为初版《窗边的小豆豆》连载成书所撰写，时值1981年。小豆豆进入巴学园则是1940年，时年六岁。试想，若不是巴学园的时光梦幻一般镌刻在一群六七岁孩子的记忆中，他们何以仍会在四十年后，彼此一次次

欢乐相聚呢。而且无论哪一个年级的，也就是说，从一至六年级的五十个孩子，他们在巴学园时，都是彼此熟识的，所以才能欢谈整整一天。虽然巴学园已永远不在，但他们这些已至中年的曾经的孩子，所有的话题，应该都是巴学园每一个角落的点点滴滴，以及彼此之间那份开心交集的印记吧。而再次回到小时候最常去的九品佛寺，里面哼哈二将的塑像不再吓人，他们都还会像当年那样，在天狗的大脚印上，对比一下自己的脚吧。

巴学园的孩子们之间这近半个世纪的友谊，小豆豆似乎从未缺席，即便她当时已经是全日本最炙手可热的电视节目主持人，即便她作为日本战后最畅销的一位作家，却在面对巴学园的朋友们之时，从无高高在上的优越感，因为，在他们面前，她永远是那个顽劣中可爱居多的小豆豆。

自然，即便小豆豆没有写下《窗边的小豆豆》这本书，她依然是巴学园的孩子中长大后最耀眼的那颗星星，她也并不遗憾没能成为小林校长一样的教育工作者，因为那个她第一天上学时见到的、穿着小兔子图案连衣裙的朔子，帮她实现了成为老师的理想。朔子东京女子大学英语系毕业后，进入御茶水YWCA小学做了一名英语教师。至此，会使我联想到作为联合国亲善大使的小豆豆，最终与朔子、与小林校长的缘善都回归到了孩子身上。

2. 化茧成蝶的美代

小林校长的三女儿——美代，曾经多次在《窗边的小豆豆》中出现。因为是校长的女儿，家就在学校里，所以美代是很多别人所不知的信息的传递者。她与小豆豆同一年级，总是顽皮闯祸的小豆豆甚至还去美代家清洗过掉入粪坑的自己。

美代同样成为了教师，自国立音乐大学的教育系一毕业，便进入该大学附属小学做了一名音乐老师。其实，美代对于小林校长来说，是观察与了解孩子的第一"实验品"，她出生之时，刚好是小林校长在审视、悟醒、思考何为真正为了孩子的教育的关键节点，所以巴学园的所有孩子，都可以说是美代被研究后的受益者。

美代将自己终生献给了音乐与教师事业，她教授过的学生曾经回忆说："我上小学时，有一位非常严厉的音乐老师——金子美代老师，她非常可怕。如果我一边听音乐一边写乐谱，或者作曲时没有将一个小节均分成节奏，她就会用红笔纠正我。

她的那些纠正比毫米还细微，根本无法测量。听音乐写乐谱，时间点是最关键的。在我们学校，最关注的不是数学或语文，而是音乐。"

可见美代后来成了一名非常认真又严格的老师，并将挚爱的音乐教给孩子们。看到她学生的这段回忆，我重影般感觉她幻化成了她的父亲——她如父亲一样，希望音乐能嵌入孩子的心灵，陪伴他们漫漫人生中偶有的孤独。

美代虽然只是一名小学音乐老师，但是受其谆谆严教，后来很多音乐家的履历中都注有"师承金子美代"的字样。作为巴学园校长的女儿，幼时幸福地被娇宠于慈父，但历经战争、家园学校的被毁、父亲之后的故去，这一切都随时光磨砺琢刻出了美代，让她从令人艳羡的校长女儿最终化茧成蝶。

"……昨天，美代说要一个小豆豆那样的蝴蝶结，我转遍了自由之丘的蝴蝶结店，但怎么也找不出这样的。是啊，原来是外国货啊……"

这时，先生不像是校长，更像一个被女儿缠得没有办法的爸爸。接着，先生对小豆豆说：

"小豆豆，美代总是吵着要这样的蝴蝶结，你上学的时候，可不可以不戴这个蝴蝶结呢？如果这样，就太谢谢你了，实在对不起，拜托了。"

小林校长育有一子二女，美代是小女儿，对她的宠爱可见一斑，而这也是我们在全书当中，唯一一次见到小林校长恳求与愧托别人，而且他低微与汗颜面对的还是一个孩子，但是为了他的爱女，他愿意。而他的美代就在这种护爱中坚韧地长大，并继承了他的事业。试想，若巴学园能够恢复重建，再次将其撑起的，或许是美代。

2016年，国立音乐大学附属小学发出讣告：

> 金子美代女士从国立音乐大学附属小学创立之初，就长期在我校教授音乐课程。1月17日，金子美代女士因肺炎去世，享年八十四岁。

3. 大荣君参加过同窗会吗？

前述上文中小豆豆曾提到，他们每年一聚的同窗会，依然如小时候那样称呼彼此，比如"大荣君"。"君"在日语之中的一种使用方式，是用来表示平辈之间的亲密关系，多称呼男孩，放在姓氏之后。小豆豆对于同班男孩一般采用姓氏后加"君"的称呼，除了大荣君，还有天寺君、右田昭一郎君、渡边义治君，只有阿泰与泰明除外。我试想，这或许是在六岁的小姑娘心底，一个是自己喜欢的男孩，一个是最好的朋友，所以在称呼上也微见小心思吧。

1980年左右小豆豆为撰写《窗边的小豆豆》的出版后记，曾经与大荣君通过一次电话——

> 我问："后来，你去了什么学校？"
> 大荣君："哪儿也没去。"
> 我问："哪儿也没去？那么，你就上到巴学园

为止了？"

大荣君："是啊。"

通过这段对话我们可以猜测，大荣君应该是从未参加过同窗会的，虽然小豆豆在彼此还是用小时候的称呼中特意提到大荣君，但那应该是打电话时的称呼，若非如此，小豆豆不会很多年过后才知道，大荣君只读到巴学园的小学毕业。

作为园艺家的孩子，家中拥有等等力地区大部分林地——"赞花园"的小主人大荣君，小学毕业后，便渐渐继承家业，不负家族所望地成长为日本屈指可数的东洋兰鉴定专家之一。

东洋兰，顾名思义，来自中国。移嫁日本后，它指的是根据中国和日本自古以来的兰花鉴赏标准栽培和鉴赏的几个兰花品种的总称，在古典园艺植物中占有重要地位。日本自奈良时代以来，东洋兰就一直是封建领主和贵族的高贵喜好。随着江户时代园艺文化的发展，它也逐渐成熟起来。总之，东洋兰始终是臻品与雅赏之物。可以想象，兰花自小熏染着大荣君的气质，加上日本家族企业延传的宗义，读不读书，并不使得大荣君难为情，因为他只要自己研究、自己欢喜、自己开拓便好。

很可惜，大荣君家族世袭的赞花园与巴学园一样在战争中被烧毁；万幸的是，赞花园依旧延续下来，傲立东洋兰届，幽然、雅淡地传续着芳香。1987年，在东京举办的世界兰花大会上，满头华发、身着红中带青西装的赞花园园主——大荣浩,带着他的新品"寰球荷鼎"参展。1986年,大荣浩还撰写了《春兰》一书并出版。我无从考证大荣君即大荣国雄与大荣浩之间的关系,但1987年便头顶华发的话,可以猜测应是兄弟或是族人。我曾暗自期待,那是大荣君改了名字,更希冀,他此时如小豆豆一样长寿在世。这一切,若再有机会遇见小豆豆,我会第一时间向她求证。

4. 小豆豆后来见过阿泰吗?

山内泰二,一位物理学家。他是小豆豆的"初恋情人",也是他在巴学园的相扑比赛中,被小豆豆摔出了相扑场,后来小豆豆无论如何相求,他都说不会娶她。在巴学园时的每天早上,小豆豆都会用小刀削好阿泰铅笔盒里的铅笔,即使在阿泰不理她之后,她仍然坚持削铅笔,因为她"爱"他。

阿泰考入东京教育大学(现在的筑波大学)理学部物理系,以第一届学生身份毕业后,师从诺贝尔物理奖获得者——朝永振一郎(1906—1979年),在该校研究生院获得硕士学位,并作为交换生前往美国,五年后在罗切斯特大学获博士学位。之后,他留校继续从事研究工作,并成为费米国家加速器研究所的副所长兼物理部部长,该研究所据说是世界上同类机构中规模最大的。而且这个研究所非常有名,对物理学感兴趣的人都知道它,共有来自美国五十三所大学的超过千人曾经进入该所学习与研究。

1977年，阿泰与哥伦比亚大学的一位教授合作发现了Y介子，并因此获得了1983年的仁科纪念奖。他的妻子也是一位才女，毕业于罗切斯特大学数学系，成绩优异。所以说，阿泰最终真的没有娶小豆豆。那么他们长大后，又见过面吗？

九十岁的小豆豆在日本TBS电视台《周日初见学》节目中，再次谈到了自己小学时的初恋，并回忆说：当阿泰说出"长大以后，不管你怎么求我，我都不会娶你做新娘"时，自己就知道"肯定不行了"，心底已经放弃。

1971年，小豆豆到纽约留学，当时阿泰在伊利诺伊州，一人在美国东部，一人在中西部，没有记录他们彼此见过。2013年，阿泰曾经回过日本，并参观了东京大学的山内研究室，但他们依然无缘相见。

阿泰婚后育有两子，一家四口各自有擅长的乐器，在美国的家中常常举办家庭音乐会。小豆豆曾说，阿泰从小就很聪明，在任何一所小学都能取得今天的成就，但巴学园的学习方法似乎更能发挥他的才能。

从小就总是围着酒精灯、烧瓶或者艰深的科学与物理书籍的阿泰，至今依然在世，已九十一岁高龄。其实，若读者阅读至此，应与我有同样的感受，阿泰是极为理性的男子，而小豆豆又太过感性，完全是两个世界的人，长大以后，更应一个不懂他灵魂中对于科学的那份枯燥的热爱，另一个则会不习惯那般快言快语、性格若脱兔的她。所以阿泰娶的是数学才女，也可能自第一次赴美后,再也没有见过小豆豆。然而,巴学园给予他的不仅仅是兴趣的无限包容与盛大的空间,还有那份镌刻在骨血中的对音乐的喜爱。

5. 小豆豆的别样"同窗"

相信你应该不会忘记，除了设置为小学的巴学园，巴幼儿园的存续时间要更长，而且与巴学园一样，培养出了多个长大后熠熠耀眼的高徒，池内淳子（1933—2010年）便是其中的一位，作为杰出的女演员参演了大量的影视及舞台剧作品。

1955年，淳子在电影《皇太子的新娘》中首次出演，后又因在清水宏导演的《次郎物语》中饰演姐姐一角而备受关注。自此，她在多部影片中与池部良和宇津井健配戏。宇津井健便是中国上个世纪80年代一部非常火爆的日剧《血疑》的主角——幸子（山口百惠饰演）的爸爸。宇津井健作为一生演艺的老戏骨，卒于2014年。

1962年，淳子因"出轨剧"中不可或缺的人物而走红，并荣获"日本放送协会年度最佳女演员"称号。她还在"希望成为妻子的女演员"的排行榜上名列前茅，并确立了自己在人气和演技方面均拔得女演员头筹的地位。尤其是《女人与味噌汤》

系列，每次都获得很高的收视率，成为她的代表作。

2010年淳子去世时，小豆豆哀伤地说："我答应过她和山冈久乃，我们三个老了以后，会一起去养老院的。"

同年，相识了五十年的小豆豆与美轮明宏再次相遇，二人在小豆豆主持的超"长寿"电视访谈节目《彻子的小屋》中回忆了他们共同的恩师——小林先生。

"你真是一个好孩子"，这是小林校长对小豆豆说的最多的一句话。小豆豆小学一年级时，因为被视作问题儿童而被退学，此后，她转入的私立小学巴学园的小林校长对她说了这句话。小林校长始终珍视她那好奇心极盛的个性，如果没有遇到这位校长，小豆豆今天可能会走上完全不同的路。

"你可以成为一名伟大的艺术家"，美轮明宏就读国立音乐大学附属高中时，小林宗作先生在自己的韵律课上这样对他说。于是，1935年出生的美轮明宏成为了日本歌手、演员、导演、电视名人、配音演员、评论员和解说员。大量艺术作品数不胜数，并于2012年起连续四年参加了红白歌会，多位日本大作家——川端康成、三岛由纪夫、大江健三郎、远藤周作等都是他的好友。

小豆豆和美轮明宏都有非常强烈的个性，有时甚至可能会与周围的人发生冲突。二人少时都曾失去自信，但因为与小林先生的相遇，他们最终都活成了围绕着太阳的那个图腾。

十五

多动症与小豆豆

1. 什么是多动症？

多动症是一些孩子成长过程中的顽疾，家长因此而经历的痛苦与受到的困扰仅仅略低于"自闭症"。而若是自己的孩子不幸被诊断为多动症，不幸中又万幸地读到《窗边的小豆豆》，相信他们的内心会释怀很多。

注意力缺陷与多动障碍，俗称多动症，简写为"ADHD"。小豆豆曾经自问过："我是 LD？"LD 通常指学习障碍。因为多动症会影响学习，二者偶尔会被混淆。其实，小豆豆 ADHD 的特征更为明显。

ADHD 是一种以注意力缺陷、多动、冲动行为三大核心症状构成的发育障碍。LD 的国际诊断标准的定义则认为，学习障碍一般指的是"阅读""书写""计算"这三类缺失。

其实，多动症是孩子在儿童期最常见的精神行为障碍之一，只有一小部分孩子，其症状会延续到青春期甚至成年。这些孩子通常在学龄前便会出现症状，患病率为整体孩童的 5% 左右，且男孩多于女孩。多数专家、学者认为，这种病较为可能指向基因遗传病。而在日常生活中，父母常常无法分辨自己的孩子到底是"活泼好动"，还是真正患有多动症。

长大后的小豆豆，曾经在访谈中和在她写的另一本畅销书《小时候就在想的事》中，都提到过自己年幼时患有发育障碍，也就是现在我们所说的多动症。但她小时候的那个年代，尚未出现发育障碍的概念，只关注孩子的行为本身，于是她当时被贴上的是"问题儿童"的标签，以致一年级刚上三个月即因多动而被退学。好在后来的幸运偶遇，没有因此妨碍她成为日本广播电视史上最长久、最有名的主持人，没有影响她后来成为超级畅销书作家、亚洲首位联合国儿童基金会亲善大使。

小豆豆一生的精彩之处就在于，她对自己的肯定，对患有多动症孩子的肯定。她可爱地觉得，这被常人"唾弃"的多动症，能让她与爱迪生、与爱因斯坦联系在一起，是一件令人高兴的事。这般诚实的小豆豆，自然是天性使然，但是遇到小林校长给予她的"小豆豆式的教育"，使她的品质得到了更好的发展，这就恰如我们常说的，一个人会影响他人的一生。

2. 小豆豆的注意力缺陷

注意力缺陷主要表现为：注意力持续时间短暂，无论是玩耍还是听课，都无法保持持久的关注；对各种来自外界的刺激，会即刻作出反应，不能主动过滤掉与自己无关的事物，常被周围环境所影响与左右。同时，还经常丢三落四，与别人交谈时主题涣散，前后无关联且心不在焉。

注意力分为主动与被动两种类型。主动注意力需要朝着确定的目标，努力集中自己的注意力，并保持持续的关注。例如，考试时，必须排除所有外界的干扰，一心只在试卷上，奋笔算写出答案；被动注意力是由外界刺激所引起，没有既定的目标，也不会尽自己的任何努力，随性而生，很少控制自己，且全无自责的意识。

"……她还像原来那样站在窗子旁边。我以为她还在等宣传艺人，就照常开始上课。突然，她大声喊道：'你在做什么？'好像是在向谁询问什么。……她又大声问：'哎，你在做什么呢？'这一次，她不是对着大路，而是朝着上面说话。……即便如此，您家的小姑娘还是一个劲儿地问：'哎，你在做什么？'这样实在没法上课，我走到窗前，想看看她在跟谁说话，从窗口探出头向上一看，原来是燕子！燕子正在教室的屋檐下面做窝呢，她是在和燕子说话！……"

小豆豆进入巴学园之前，在原来学校的一年级大概只上了三个月，几乎每天都有如上这样让人啼笑皆非、非常干扰老师和其他同学上课的行为发生，所以才会被退学。

学生上课，是需要坐在自己的座位、将注意力集中到黑板以及老师所讲的课程内容上的，而小豆豆，不但要站到窗边，不但不听讲，还要像在自己的房间里一样，跟屋檐下的燕子聊天，注意力的自控力接近为零，有典型的注意力缺陷的特征。小豆豆明显不只是年幼好动，因为通常我们能发现，就连幼儿园的孩子都可以在自己的小板凳上坐一小段时间，将眼睛紧盯住老师。总之，好动的孩子其行为是有目的、有秩序的，而多动症如小豆豆，他们的心里与脑中，是无目的、无序的。也就是说，正常的孩子，在要求安静的环境中，可以控制自身的行为。与之相反，多动症儿童似乎总是要故意在需要安静的场合，做出"出格"的事，但其实，他们并非故意。

但遇到感兴趣的事情，他们又会格外专注，甚至比正常的孩子还要更执着于自己必须做到的事情。细述到这里，相信很多《窗边的小豆豆》的读者都会想起，当小豆豆的宝贝钱包掉进粪坑时，她没有哭，也没有放弃，而是找到厕所的掏口，搬开掏口的混凝土盖子，用一把长把勺子，每掏出一勺，就检查一下钱包有没有在里面，直到把掏出的粪便堆成了一座小山，便池都几乎被她掏空了，仍然一无所获，最后还想着，答应过小林校长：将粪便以及被粪便浸湿的泥土，全部放回便池中。

于是，仅仅凭借这一件事，我又会心生疑问：小豆豆是真的多动症儿童，还是在多动与活泼之间"摇摆"的可爱女孩呢？我差不多相信是后者。因为专家们说，正常儿童好动，但他们的行为是有目的、有序的；多动症儿童的行为，常无目的，是杂乱的。以此我们再去回想，小豆豆一心想要找到钱包，为了这一目的，她不是由始至终都是有序的嘛。所以我较为相信，我们喜欢的小豆豆，就是一个健康的孩子。

3. 小豆豆的多动障碍

多动障碍的表现则是，不能保持安静，小动作很多，常常离开自己的座位，甚至不分场合地到处移动。

"……她先打开书桌的盖子，取出笔记本，然后立刻啪嗒一声关上盖子。接着，马上又打开盖子，把头钻进去，从文具盒里取出铅笔来，匆匆关上盖子，写了一个 a 字。可能写得不好，或者写错了吧，只见她又打开书桌的盖子，再次把头钻到里面，找出橡皮，关上盖子，飞快地擦起来。又匆匆地打开盖子，把橡皮放进去，再把盖子关上。……"

小豆豆这种不断重复一个又一个动作的行为，明显就是不能保持安静、小动作多到不能再多，包括不分场合地到处移动，不禁会让我们想起老师上课时那个站在窗边而非绝对应该坐在座位上的小豆豆。

此外，话多也是多动障碍的一种表现。相信读过《窗边的小豆豆》的读者会瞬间想起，小豆豆第一天去巴学园、被小林校长"面试"时，曾经一刻不停地话痨了四个小时。对于一个六七岁的孩子来说，这算得上是异常的"话多"了。试想，你见过一个小孩子与初次见面的成年人，一聊便聊上四个小时吗？当然，其中主要也是因为，小豆豆从出生直到遇见小林校长的那一刻之前，从未被如此倾听过。

倾听是一种尊重与信任，如果不会真正地倾听孩子，自然就无法建立与孩子之间有效的沟通。真正的倾听，则要像小林校长那样坐下来，直视着面前的孩子，把自己的注意力完全放在孩子身上，只是听，尽量不插话，适时地用"哦""嗯"回答便好。偶尔可以找到恰当的时机问孩子："然后呢？""后来呢？"这样的认真倾听过后，你会愕然发现，孩子愿意跟你讲话了，对你也愈发信任了，因为孩子觉得，自己是被重视的，就如小豆豆所感受到的那样，和校长先生在一起，非常安心、非常温暖，心情好极了。

自然，多动症的小豆豆遇到小林校长，是她一生的至幸，而有小豆豆妈妈那样一位妈妈，更是她能长大后成就不凡人生的关键。一年级就被退学，当时小豆豆妈妈的态度极为令人钦佩：她没有试图去改变小豆豆，而是从找到一所能接受这个孩子的学校这一角度出发，带着小豆豆去了新的学校；还因担心小豆豆心灵受到伤害，甚至都没有告诉小豆豆要转学的原因。

听说，爱迪生的妈妈也一样。当爱迪生的老师用黏土教1+1=2时，爱迪生坚持认为，把黏土和黏土放在一起，就会得到1。于是爱迪生被老师怒骂："烂脑子！"爱迪生的妈妈听说后，先是抗议老师和学校摧残孩子的想象力，后来很快将爱迪生带离了学校。她的这一决定，直接影响了爱迪生的天才成长，从而发明了改变人类未来生活的灯泡等。

世间每一位父母都祈愿自己的孩子能成为自己希望的样子，这是一种天然的情感，但如果试图强迫孩子改变，就会带给孩子很多不必要的压力。所以，与其说小豆豆是小林校长成就的，不如说小豆豆活成了自己的妈妈所期待的模样。

4. 小豆豆的"冲动"特征

行为冲动的表现是，只要有兴趣，便即刻去做，缺乏对于后果的思考，且情绪不稳定，容易过度兴奋。

在《窗边的小豆豆》中，小豆豆有非常多的冲动行为，特别是"不能跳"的地方，她是一定想都不想地会去跳的，比如沙堆，比如盖在厕所掏口上的报纸。似乎从不思考，从不观察，马上就付诸行动的那种冲动让她可想而知地屡受"磨难"，但她从未后悔过。

> 从学校回家的路上……小豆豆在路边发现了一堆好东西，那是一大座沙山。……小豆豆立刻兴奋起来，腾地蹦起老高，然后用尽全力向前冲刺，"嘭"的一声跳到了沙堆的顶上。……这并不是一堆沙，沙子下面是灰色的抹墙的泥，已经搅拌好了。只听得"扑哧"一声，背着书包、拎着鞋袋的

小豆豆陷到了灰泥里面，一直没到了胸口，像铜像一样动弹不得。

而且这般冲动的小豆豆，并不害怕，也不求救，让路人还以为她在做游戏。

其实，在《窗边的小豆豆》中，小豆豆屡屡发生过如上这样的冲动行为。例如，她第一次走进巴学园的校园，还不是巴学园的学生呢，就"哇——"地欢呼着向电车教室跑去；例如，她一定要让患有小儿麻痹症的泰明爬上小豆豆的树。被小林校长总是赞言"你真是一个好孩子"的小豆豆，只要"看到奇怪的事情、有趣的事情，为了满足自己的好奇心，经常做出让老师们大吃一惊的事来"。

还有一次，小豆豆听别人说，大块的牛肉都是用钩子挂在那里的，于是从早晨开始，只用一只手抓住最高的单杠，一动不动地挂在那里，过了好一会儿。女老师问"为什么这样呢"，小豆豆正大声叫着"我今天是牛肉"，却突然啪的一声摔了下来，一整天再也说不出话来。

类如这种搞笑、有趣的冲动几乎每天无处不伴随着小豆豆。更小的时候，她会把剪刀伸到嘴巴里，咔嚓咔嚓作响，却也并没有剪伤舌头；再大些的时候，她走在铁轨上，突然一辆火车驶来，因为无处可以躲避，只能用双手抓住枕木，悬空挂着整个身体，等待着火车从头上隆隆驶过。如此这般，她在好奇中充满了冒险，在冒险中却富含理智与冷静。

我常常想，小豆豆无数次身陷自己制造的危险中，却能活到如今九十多岁的高寿，实在不能不说是一种奇迹，仿佛任何危险都吓不倒她，她总是无比从容，从不慌张。

5. 多动症也能成为天才

对于确诊为多动症的孩子，应为他们营造温馨的成长环境，让他们多保持愉悦的心情。父母的态度要温和，遇到孩子出现问题时，要引导与鼓励。同时，充足的运动也可以起到对症状的缓解作用。通过《窗边的小豆豆》，我们则会从中豁然，遇到一个能理解这样的孩子的老师，能懂得自己的孩子的一双父母，孩子会如小豆豆一样，正常长大，甚至成为"别人家的孩子"那般的功成名就者。

总之，多动症并没有那么可怕，因为就连镌刻在历史名册上的不少伟人也都曾在年幼时被认为患有多动症。比如达·芬奇，那位意大利文艺复兴时期最博学的人，在多种领域均有卓越的成就，而当五百年之后，人们仔细研究他的工作习惯以及行为活动时发现，他很有可能患有多动症；再比如天才发明家爱迪生，他发明了杰出的灯泡、留声机和电影摄影机，也曾被认为是多动症儿童，在学校被贴上"废物"的标签，苦苦度日，但后来他善用过度活跃的天性，保持乐于学习的态度，找到了克服这种"疾病"的方法，最终成就了一件又一件世界级的伟大发明；甚至就连莫扎特也不例外，这位18世纪最杰出的奥地利作曲家，在他短暂的生命里，将古典音乐的风格臻于成熟并发扬光大，其作品也被广泛视为古典音乐的经典，对后世影响至今。可是他的行为一直颇显古怪，历史学家研究后认为他很可能患有多动症、阿斯伯格综合征、强迫症、自闭症以及图雷特综合征。然而这些病征，并未影响他一生留下了六百多首后人无法超越的音乐名篇。

在众多伟人中，幼时罹患多动症的并不少，而大量名人中，则更是数不胜数。一位日本的好事者曾做过的统计名单上，很可能患有多动症的商业天才有九位、政治家有四位、学者有四位、美术家有十位、建筑家有一位、音乐家有十位、作家有三位、漫画家有七位、文艺家有十一位……这些虽已被世人所知，但真正的数量怕只是冰山一角。

最后再回看小豆豆，她的多动症应是先被小林校长和巴学园接纳，而后自然地融入毫不刻板的教育氛围，最终得以"自愈"的。这个加上了引号的自愈意为，它并不被视为疾病，只是被理解为儿童的一种天性。甚至就连小豆豆也无法确定自己到底是"ADHD（多动症）"还是"LD（学习障碍）"，但她的成就与精彩，定会让很多为之困苦的家长，得到慰藉。

十六

狗狗洛基与小豆豆

1. 洛基是什么犬种？

在《窗边的小豆豆》中，除了主人公小豆豆之外，出场次数最多的当然是小豆豆的妈妈，其次是小林校长，再其次则非洛基莫属了。

洛基是一只狗狗，它非常聪明，与小豆豆关系极为密切，虽然陪伴她的时间并不长久，却是小豆豆整个童年中最好的朋友、最珍视的爱犬。

洛基的第一次出场，是小豆豆第一天到巴学园，与小林校长见第一面之时。因为她将洛基视为自己绝佳的伙伴，自然要介绍给校长先生认识——

> 家里有一只茶色的狗，名叫"洛基"，它会"握手"和"对不起"，吃过饭后还会表示"很满意，很满意"……

所以小豆豆的洛基是茶色的，而书中也多处提及，它是牧羊犬，不只聪明，还是小豆豆家里最遵守时间的成员，以至于当小豆豆要去巴学园上学的第一天、一改起床后会发呆的毛病，令洛基都不禁向她投去了诧异的目光。

当然，牧羊犬家族不是一个单独的品种，它的族群颇为庞大而兴盛，基本上都是人类的好伙伴，其中很受人们追捧与喜爱的就有近十种，且通过它们的名字我们还能发现，它们那可爱帅气的身影几乎在世界各地无处不在：德国牧羊犬、苏格兰牧羊犬、英国古代牧羊犬、澳大利亚牧羊犬、比利时牧羊犬、白色瑞士牧羊犬等等。

在所有犬种中，牧羊犬的性格既聪慧又英朗，既温顺又强壮，既敏感又活泼，经过训练后，极富责任心，仿佛一位有贵族气派的男人，同时身上还带有极品女人的魅力。

虽然很遗憾，在《窗边的小豆豆》中，小豆豆没有特别提到洛基到底是什么品种的牧羊犬，但通过如上我们对这个优异犬种的介绍，再通过洛基与小豆豆一起生活的日常细节，反而可以任我们去想象，洛基一定有不逊于小豆豆的可爱，且同样把小豆豆视作了自己最要好的朋友，除了上学，他们几乎无时无刻不在一起。

其实洛基的本领比聪明的狗狗更为强一些。握手是狗狗训练的常项，与主人亲密的狗狗经过简单的训练，都会在主人发出"握手"的指令后伸出自己的爪子，以示聪明与友好。而我好奇的则是洛基是如何表现"对不起"的呢？一般的狗狗通常是弓下身体、夹紧尾巴、不敢直视主人，或者摇尾靠近舔舐主人，或者躲避在安静角落，但聪明的洛基的表现大概是两个前爪做出拱手状，所以小豆豆要特别兴奋地与校长分享，她的狗狗，会说"对不起"。

2. 洛基去了哪儿？

"知道吗？这个是我的月票，不是你的，所以你不能坐电车。我要问问校长先生，还要问问车站的人。如果他们说'可以'的话，你也能到学校来了。不知行不行呢？"

……

以前，洛基每天都陪着小豆豆一起走到学校门口，然后再自己走回家。

在书中，洛基每每一出现，虽然我并不知晓它确切的品种（有人推测它是德国牧羊犬），更没有在小豆豆小时候的老照片中见过洛基的样子，但它每天陪着小豆豆一起走到学校，然后再自己回家，总会不禁让我想起那只世界上最有名、最令人怜惜的狗狗——八公。八公是世上无双的忠犬，与洛基品种不同，它是秋田犬。与洛基行为不同，它是在家门口目送主人出门，到主人下班时间,再去车站迎接主人回家。

若洛基果真是德国牧羊犬的话,这个犬种多用于军犬、警犬、搜救犬等威风凛凛的地方。小豆豆六岁时,是1940年前后的时代,将这种中大型犬作为宠物的家庭,当时几乎闻所未闻,颇令人惊诧。

洛基的一生似乎不长。每天将小豆豆送到校门口三个月过后,是接纳了小豆豆的巴学园的第一个暑假,小豆豆与同学们去了海边的温泉;第二个暑假,小豆豆是独自到镰仓的伯父家度过的,等再次回到东京自己的家中,洛基已经不见了——

> 小豆豆问妈妈:
> "洛基呢?"
> 刚才小豆豆焦急地跑来跑去寻找洛基,这一切妈妈都看在眼里,她沉默了。小豆豆拉住妈妈的裙子,又问:
> "哎,洛基呢?"
> 妈妈难以启齿,但终于艰难地答道:
> "它……不见了。"
> ……
> 这时候,小豆豆明白了。
> 洛基,一定是死了。

但后来另有一种说法,洛基其实没有死,而是被带走了。至少在2017年开始播放的电视连续剧《小豆豆!》中是如此描述的。再之后，2022年小豆豆在一次与人对谈中也提到过："有一天，洛基突然不见了，我找了好久也没找到。后来我惊讶地发现，在那个年代，牧羊犬有时会被抓走。"但小豆豆当时年纪还小，爱犬突然消失不见，自然会想到它死了，可是长大后，她知晓了更多，同时在对洛基念念不忘中，顿悟了它应该是被强行带走了。

3. 洛基之于小豆豆

小豆豆在《窗边的小豆豆》中真实记录自己学习与生活的时间线并不长，基本上是从1940年上小学写到巴学园1945年在战火中被烧毁，而且回忆的视角也主要集中在一年级那段令她异常好奇与兴奋的时光。总之，洛基这只温顺的大狗陪伴了小豆豆的童年中最重要的时段。

而洛基的存在，给小豆豆的童年赋予了无尽的美好，即便它消失多年也一直都镌刻在她那珍重且深念的心底，以至于她从来没有问过也始终不知晓洛基名字的由来。数十年间，她似乎一次都没有再与妈妈轻易提起洛基，直到妈妈九十五岁过世前三个月，她才突然问妈妈，为什么起了这样的名字？妈妈说，因为洛基山脉。因为它看起来虽然很小，却给人一种粗犷的感觉，令她想到了洛基山脉。

从小豆豆所有的行为举止中可以发现，她自心底宠溺着洛基。而且可以感觉到，她是一个几乎每时每刻都与洛基在一起的女孩。早上上学时,常常出现的情景应该是这样的——她与洛基开心地说上一路,到了学校门口,才不得不一步一回头地分手。

> 小豆豆和洛基贴了贴脸,又闻了闻洛基耳朵的味道。"虽然和平时一样,有点臭臭的,但对我来说,却是好味道!"这样想着,小豆豆把脸挪开。

这种小豆豆的爸爸妈妈都说很臭的味道,在小豆豆的心里,却是会习惯性地去闻并沉醉与留恋的好味道。或者所有读过《窗边的小豆豆》的读者都有感觉,在小豆豆家中,洛基最为亲近的是小豆豆,但事实应该是,洛基首先入了小豆豆的爸爸的眼,才会成为他们家中一员。毕竟,近百年前男人主外的机缘,让小豆豆的爸爸有更多的机会先与洛基相遇。我也细微地在书中感知到,小豆豆几次提到爸爸时,其"身后"总伴随着洛基的身影。例如,"散步"一节中写道:小豆豆虽然和爸爸还有牧羊犬洛基一起散过步,但是从来不知道在学校里也可以出去散步,不由得吃了一惊;"名字的由来"一节中写道:结果,直到小豆豆上了小学,除了爸爸和牧羊犬洛基之外,所有的人都叫她"小豆豆"。

洛基之于小豆豆,既是最好的伙伴,更是值得信赖、第一个想与之分享快乐与秘密的朋友,所以当小豆豆拿着自己的第一份成绩单一进家门,马上就去找洛基,有点骄傲地说:"看一看?"同时她觉得,"第一张成绩单自然一定要最先给洛基看一看,而且,洛基肯定也会非常高兴"。

总之,他们若能在一起时,总是在一起;若无法在一起时,聪明的洛基一定在每分每秒地等着小豆豆早些归来。洛基对于小豆豆,是太过于珍贵的存在,所以,六七岁时留下的记忆,依然会让九十岁的小豆豆因思念起洛基而落泪。

4. 小豆豆的一生与动物之缘

其实，洛基曾经很严重地伤害过小豆豆，虽然是在玩耍中的误伤——

　　……洛基一开始装得非常好，可是，它毕竟还没有长大，玩着玩着，渐渐分不出开玩笑和动真格的界限了。突然，它不是闹着玩了，而是真的咬了下去。

　　虽然洛基还是一条小狗，但它的体形快有小豆豆的两倍大了，牙齿也非常尖锐。小豆豆"啊——"的一下明白是怎么回事的时候，她的右耳朵已经耷拉下来了，鲜血汩汩地流了出来。

小豆豆即便受到了如此恐怖与严重的伤害，她的心里却只想着，如果爸爸妈妈把洛基丢掉才是最让她伤心并可怕的事情，所以她完全顾不上自己的耳朵，只是大声为洛基说着情：

"不怪洛基!不怪洛基!""一点儿也不疼!不要对洛基发火,不要发火!"

小豆豆五十岁左右的时候,又曾经养过一只名叫"豌豆"的狗狗,可见,狗狗始终是她的钟爱。而除了狗狗,她还有一个一生的狂爱,那就是大熊猫。小豆豆从小就开始研究大熊猫。她与大熊猫的结缘,起始于伯父送她的礼物——一只从美国带回来的大熊猫毛绒玩具。从那时起,她对大熊猫的研究至今已长达七十多年,目前还是日本大熊猫保护协会的名誉会长。

早在半个世纪前,小豆豆便开始在电视上介绍当时还完全不被日本人所知的大熊猫,并在1972年间接地促使中国的两只大熊猫——康康和兰兰作为中日邦交正常化的"和平使者"送往东京的上野动物园,从此引发了日本至今不衰的大熊猫热潮。

当大熊猫康康和兰兰被送达日本的那一天,工作上素来极为严谨的小豆豆甚至离开了工作排练场,在上野动物园的后门一直等待着。直到深夜,运载大熊猫的卡车才出现。可惜,大熊猫装在集装箱里,小豆豆未能得愿以偿,却在现场直播的新闻中,被拍下了弃工作而去迎大熊猫的"实证"。当时,这两只"出访"日本的大熊猫还没有名字,1986年首次向日本全国公开征集大熊猫的名字时,小豆豆与当时的东京知事铃木俊一,共同担任了遴选委员会成员。

时光转到2022年,已有七十五年大熊猫研究经历的小豆豆还与同好的朋友们写作出版了《大熊猫与我》一书。这本书被誉为是一本充满了大熊猫知识的熊猫读本，会加深读者对大熊猫的喜爱，并且将大熊猫的所有魅力呈现给了大熊猫迷们。书中讲述了关于大熊猫的一切，包括大熊猫的生态、大熊猫与日本的历史、中国大熊猫的状况等等。

除了大熊猫，小豆豆几乎与众多可亲近的动物都能相处得非常好。在她主持的节目中，嘉宾带来的一只乌骨鸡甚至能安静地在她腿上一坐就是三四十分钟；她还能与颜色很脏、又臭又吵、到处乱窜的野猪对话，跟它说："我听说你连名字都没有？"野猪即刻停止了抓挠，转过身，神色凝重地看着她。小豆豆认为，如果用温和的声音和动物说话，它们都会安静与配合——因为，通常，人只会对动物们发号施令。

5. 宠物对于孩子成长的意义

记得小林校长曾经说过这样一段话：不要愚弄动物，那样它就不会再信任你，它的性格也会变得糟糕。而小豆豆不仅从未愚弄过任何人与任何动物，且她那直率的性格，恰恰是动物们很喜欢的。她的多位朋友都证实过，她与大熊猫、大象、小猫等动物，可以令人不可思议地沟通与交流。

其实，人与动物相处，就如人与人如何相待一样。当你足够喜欢与深爱一个人，即便他野兽一般伤害过你，你会发现自己的心底却很难萌发出怨恨。再想到被洛基咬伤耳朵的小豆豆，对洛基真的是一丝责怪都没有，当医生把小豆豆用绷带从头顶缠到耳朵，再到下巴，像一只小白兔似的被爸爸妈妈带回家时——

> 小豆豆急着要告诉洛基"没事啦，谁也没有生气"，急急忙忙跑进屋里。可是，却不见洛基的身

影！小豆豆哭了起来，这是事情发生后她第一次哭。在医生那里，小豆豆拼命忍着没有哭，她怕自己一哭，洛基就不免会受到责备，现在却止不住泪水了。

通过这样的场景我们可以感受到，一个孩子对于宠物的深深切切的爱。是的，宠物之于孩子成长最重要的意义，便是让他懂得幼时的小爱，从而长大后收获大爱。

除了爱，因为宠物同为生命体，它的存在，从生到死的过程，也能让孩子知晓并尊重生命，感悟到生命的重量。我们在长大过程中，经常会遇到没有责任感的成年人。责任感是一个人给予另一个人长久的安全感，直接关乎自己与家庭的幸福。

而2023年秋，当巴以战火再次燃起，俄乌冲突持续一年有余，已经九十岁高龄的小豆豆于10月3日时隔《窗边的小豆豆》出版四十二年后，再次推出了《续窗边的小豆豆》，写作这本书的直接起因就是俄乌冲突，这让她想起了太多的战争。她作为联合国儿童基金会亲善大使三十多年来，一直在帮助饱受战争冲突和贫困之苦的儿童。每当她想知道乌克兰的孩子过得怎么样了，就会忆起自己小时候所经历过的战争。通过这本续集，她希望人们思考此时此刻世界上正在发生的事情。她说："我认为，对儿童来说，最糟糕的事情就是他们没有自由。对我来说，'不自由'就意味着我在战争期间被告知，什么都不能做,不得不离开自己的家,避难到乡下。所以我想了想,决定写下这本书的其余部分。"

如此这般的小豆豆,给人的感觉就不仅仅是对于个体的责任感了,而是对于社会、对于世界,她觉得自己无论多么高龄,依然有挥之不去的责任。

十七

手语与小豆豆

1. 小豆豆为什么喜欢手语

小豆豆从小就对手语产生了极大的兴趣,这应是她那盛大的好奇心使然——

> 今天下午,小豆豆在"自由之丘"车站的检票口,看到两个男孩、一个女孩正在比比画画地说话。他们看上去都比小豆豆大一点儿,远看就像是在玩猜拳游戏似的。但仔细看看的话,就发现他们比画的手势可比猜拳游戏的剪子、石头、布丰富多了,有好多种样子。

通常我们知道,手语是一种不发出声音,只是通过手势、肢体动作、面部表情等来表达内心的语言,主要使用对象为听觉功能障碍者或言语功能障碍者。它是语言的一个分支,是一种特殊的语言形式。

因为好奇于小豆豆的好奇，我简单地了解了一下手语的基本手势动作，蓦然发现，它不只丰富，还格外有趣。比如：用手语说到爸爸，是右手竖起大拇指，在嘴唇中部点两下；说到妈妈，是右手竖起食指，在嘴唇中部点两下；说到哥哥，是右手竖起中指，手心朝向脸部，在嘴唇中部点一下，然后继续用右手做出抚摸头发的动作；说到姐姐，是右手竖起中指，手心朝向脸部，在嘴唇中部点一下，然后继续用右手的大拇指和食指捏右耳的耳垂；说到弟弟，是右手竖起小拇指，手心朝向脸部，在嘴唇中部点一下，然后继续用右手做出抚摸头发的动作；说到妹妹，是右手竖起小拇指，手心朝向脸部，在嘴唇中部点一下，然后继续用右手的大拇指和食指捏右耳的耳垂；说到朋友，是左右双手竖起大拇指，手心相对，触碰两下——这个朋友的动作，我们会在手语新闻中常常看到。表达"欢迎"，则极具表现力，会双手击掌拍两下，随后继续双手手心并排朝上从左向右划过；"欢送"亦如此，双手击掌拍两下，随后继续双手由内到外做出一个欢送的动作。

如此形象同时又具象的表达方式，因其独特性，深深地吸引了小豆豆。甚至，小豆豆当时还不知道那叫手语，所以称之为"用手说话"。不出声地用手说话，使小豆豆觉得"好有趣"，尚未长大的她，并不懂得这些与她年纪相仿的孩子其实是因残障无法说话；这样的一些异色孩童是在无奈与苦痛中不得不学会手语才能与人有些许沟通，才不至于陷入孤独的漫漫人生中的。他们应是绝未想到，竟然还会有人羡慕他们，并在心底立下"有一天我一定也要学会用手说话"的愿念。尤其是，当小豆豆看到那些孩子在用手说话时，眼睛里都洋溢着光彩，那样子美丽极了，她更是想，若是学会手语，便可以和他们成为朋友。小豆豆那份对于如手语这种新生事物的艳羡与强烈的好奇心，也不似其他孩子，长大后就会忘记。可以说，她记了整整一生，并切身倾注全部热爱与心力。

2. 小豆豆见到的，是哪所聋哑学校的孩子？

1875年，一个名为"乐善会"的慈善家团体发起了一场运动，希望在东京建立一所盲童学校，为盲童提供教育。1876年获得批准，1878年位于筑地的校舍开始动工。1880年，该校更名为"乐善会训盲院"，并开始上课。同年6月，增加了聋哑儿童，但随着业务的发展，学校的管理于1884年陷入困境，1885年开始由日本文部省接手，并更名为"东京聋盲学校"。该校后来成为东京教育大学的附属学校，现在则变成了筑波大学视觉特殊支援学校和听觉特殊支援学校。可见，盲聋哑学校在日本起步很早，此后从民间逐步走入由政府直管，并延续到一百五十年后公私立的并存。

当时，小豆豆还不知道世界上有耳朵听不见的人，她也不知道，就在她每天乘坐的大井町线的终点——大井町，就有一个由政府创办的聋哑学校，那几个孩子大概就是那里的学生。

小豆豆初到巴学园时，应是1940年前后。那么当时在大井町由政府创办的这个聋哑学校，是哪一所？学校的状况又如何呢？

八十余年后，在大井町车站直线距离390米的地方，有一所聋学校，名叫"品川特别支援学校"，这所学校就是距离巴学园几站远那几个用手说话的孩子所上的学校的历史所在地。

1926年，东京政府将日比谷寻常小学与上野寻常小学中的特别班合并，成立了东京市立聋学校；1934年，东京府立聋哑学校开校；1943年，东京市立聋学校改称为东京都立聋学校，东京府立聋哑学校改称为东京都立聋哑学校。其中的东京都立聋哑学校即为后来的东京都立品川聋学校，再之后与东京都立大塚聋学校合并。

仔细阅读我们可以发现，这两所聋学校以及聋哑学校，创建之初一为"东京市立"，二为"东京府立"，通过字面含义，能够读解出均为政府出资与辖管，后来都更名为"东京都立"，是因1943年日本废除了"东京市"与"东京府"而设置"东京都"，故改称为"东京都立聋哑学校"。1945年，该校校舍与巴学园一样毁于战火。1949年，新校舍在东京丰岛区巢鸭竣工并完成搬迁，再次更名为"东京都立大塚聋学校"。

2007年，伴随着日本对于《学校教育法》的修订，取消了之前按照功能差异的学校区分，统一将"盲学校""聋学校""养护学校"合并为"特殊支援学校"。于是，撤销了之前的东京都立江东聋学校、东京都立杉并聋学校、东京都立品川聋学校，统一转入东京都立大塚聋学校，被合并的三所学校成为了该校的江东分教室、永福分教室、城南分教室。

此次学校教育法的修订，将残疾人予以人性化为需要"特殊支援"的群体，就像小豆豆在写作《窗边的小豆豆》之时，虽然已经知道聋人的语言为手语，还是使用了"用手说话"这样温情与平和的字词；最重要的是，她的内心始终觉得，那样说话，绝无羞耻，反而异样美丽。

3. 日本盲聋哑学校的发展史

1875年,京都第十九小学设置了韵哑教场,开始教授哑童,由教员古河太四郎用自编的手语来指导哑童。1878年,京都盲哑院成立,古河担任首任校长。后来因学校的经费来自捐款,经营变得不甚稳定;1879年,该机构被移交给京都政府,成为京都府立学校。

1890年,日本文部省在颁布修订后的小学校令中对聋哑学校的设置与废止做出了相关的规定,盲聋哑学校的数量从此由1897年的四所逐步增加到1907年的三十八所。

此后,有关人士指出,盲与聋是两种完全不同的生理疾障,在同一所学校受教育是有问题的;1909年,文部省对政府直属学校建制进行了部分修订,成立了一所新的东京盲童学校,废止了原有的东京盲哑学校;1923年,则颁布了《盲学校和聋哑学校令》,这些条令使盲童和聋童学校首次分离为两所独立的学校——盲童学校和聋童学校。

1947年，与《教育基本法》同时颁布的《学校教育法》将聋哑学校改为"聋学校"，开始为聋童提供义务教育。同时，还建立了"智力低下者学校""肢体残疾者学校"和"病弱者学校"（包括体弱者）制度。自此，"盲学校""聋学校"和"养护学校"这三类学校被立法规定为提供特殊教育的学校。

1979年之前，养护学校不属于义务教育机构，只招收轻度残疾儿童，那些重度或多重残疾儿童则多留在家中或送进残疾人机构。1979年，政府要求所有孩童都需要接受义务教育之后，重度或多重残疾儿童已均可进入养护学校就学。

此后，虽然上文曾提及，2007年日本修订了《学校教育法》，想要规避教育中涉及的各种各样的残疾问题，建议所有为残疾人和其他特殊群体提供教育的学校统一为"特别支援"学校，但因这并非一项强制性规定，许多学校仍然沿用之前的名称，如上文中所提及的东京都立大塚聋学校至今依然叫着这个名字；甚至2007年当时全国的九百一十六所盲学校、聋学校以及养护学校中，只有一百八十二所更名为特别支援学校。

> 那几个孩子看着对方做手势的时候，眼睛里都洋溢着光彩。小豆豆觉得那样子美丽极了，她期待着有一天，会和他们成为朋友。

虽然，小豆豆之后再未提及是否又见过那几个孩子，是否与他们成为了朋友，但是，就是这几个孩子，让小豆豆在稚清的心中，埋下了对手语憧憬的种子。

4. 小豆豆后来学会手语了吗？

小豆豆年轻时在美国留学的经历，使她第一次深入地了解与接触了旧时日本并不广为人知的手语，第一次体验到何为手语。当时，美国有一家"美国聋人剧团"，剧团由聋人演员组成，还在百老汇演出。她和这些演员成为朋友后，因他们的演出非常精彩，便想让日本人也能看到，于是，她邀请他们来到日本，一边演出，一边把他们的"美国手语"翻译成"日本手语"。小豆豆说："虽然当时工作量很大，但我们还是在很多城市进行了巡演。在不同国家出生和长大的聋人的文化是不同的。然而我并不觉得他们之间有什么隔阂。那是一次非常愉快的经历。"

也就是说，小豆豆在长大后的年轻之时，便已经学会了手语，而在留学美国之时，进一步接触与学习了手语。1971 年，小豆豆时年三十八岁，到纽约学习了一年，是作为第一位专门为 NHK 工作的电视演员，特派去美国学习的。她后来回忆道：

"与我一起在电台和电视台工作的资深演员都非常出色。虽然很多人告诉我说,做电视节目,只要自然地表演即可,但我发现,长期演戏的演员会有不同的临场感。我突然意识到,他们表演得那么好,是因为他们都有舞台经验。那时我就想,一定也要加入剧团去学习。"也就是说,小豆豆因想学习表演而留学美国;因对手语的热爱而学会了手语。特别值得一提的是,她甚至在电影《我爱你》中,还出演了一个使用手语的角色。

5. 小豆豆一生对手语的付出

小豆豆成年以及成名之后，始终将自己繁忙工作之后的余力倾注于手语的各种演出与推广中，而且对于手语的喜爱愈发浓厚，她认为，手语美丽又可爱。1980年，她在主持日本新年夜的红白歌会时，突然想到应该加入手语。当她"唐突"的预谋果真完成后，发现很多人都很感兴趣。后来她笑称，或许就是她把手语传遍了日本也说不定。2022年，她还参与到电视节目《大家的手语》中，希望有更多的人喜欢手语这种可以舞动的语言。

她对手语倾注最多的，是用1981年在日本出版的《窗边的小豆豆》的版税收入创立了"小豆豆基金"。该基金有两个主要项目，一是运营"小豆豆文化馆"。在文化馆中，使用者与工作人员可以一起种植和销售蔬菜、花卉，以及制作环保袋等。在馆中，听得见的人和听不见的人都能用手语交谈，同时还为想学习手语的人开设了手语课程。

另外一个主要项目便是成立了日本聋人剧团。该剧团的演员们用手语表演日本的传统戏剧狂言以及其他形式的戏剧，并在日本各地演出，更是应邀到世界各国演出手语狂言等日本传统艺术。

1983年，日本聋人剧团首次到意大利巴勒莫用手语演出狂言，当时演出的曲目是《六地藏》，来自不同国家的两千名聋人观看了演出。演出结束后，现场所有人用手语做出"我爱你"的手势，并高高举起，那场景使得整个剧场似乎都在震颤，那次演出所带来的情感冲击，令小豆豆一生难忘。

狂言是日本室町时代至江户时代一种古老的艺术形式。日本聋人剧团在"和泉流"狂言大师三宅右近师的指导下，保留了狂言流传下来的独特动作和表现手法，并通过研究手语的表达方式努力创造出了适合古典表演艺术的手语狂言。此外，还对手语台词和声音的时间与时机进行了专研，最终诞生了将古典表演艺术的优势与手语丰富的表现力相结合的手语狂言。他们用手语和声音来表达对白的表现力，让听得见的人和听不见的人都欣赏到了古典艺术。

手语的使用者——聋人——无论在世界上哪一个国家，都是被疏离与忽视的群体，但这个群体中，总会有人因机缘——比如热爱手语的小豆豆这样的存在——从而度过了丰富的一生。

日本聋人剧团前主席兼顾问米内山明宏，就是这样的一位。

米内山明宏（1952—2023年），聋人，演员、导演、手语演说家、明晴学园（日本知名特别支援学校）首任董事长。他是先天性聋人，父母均为聋人，母语为手语。毕业于东京教育大学聋人学校艺术系，后赴美国聋人戏剧学校学习。1980年协助成立日本聋人剧团；1987年凭借手语狂言《瓜盗人》获日本文化厅艺术节奖；1999年与大泽丰共同导演并制作了以聋人女性为主角的电影《我爱你》。此后，曾担任日本NHK教育电视台《大家的手语》系列讲座的讲师，并指导过多部戏剧、电影及电视手语作品。

他在采访中介绍说："我的父母都是聋人，我是通过使用手语长大的。像我们这样父母和子女都是聋人的家庭被称为'聋人家庭'。在我就读的聋人学校里，没有一个同学的父母是聋人。部分原因是当时人们认为聋人夫妇生孩子是不被接受的。在聋校的家长会上，我的父母会比其他人更时髦，他们在我的同学中享有'酷'的美誉。据我父母说，他们想给聋哑孩子们带去希望，让他们知道，即使他们是聋哑人，也能成为生活富足的成年人。"

如这般毕生精彩的米内山，绝大部分因由是遇到了一对不服输的父母，但假若他没有缘分与小豆豆相识，得到支持与帮助，或许不会经历那么丰富的人生。所以，世间的一切，都仿佛冥冥中有着缘的主宰，让小豆豆遇到那几个用手说话的孩子，让小豆豆知道了手语并始终热爱着，于是让米内山遇见了这样的小豆豆。

十八

《窗边的小豆豆》中的插图

1. 封面的小姑娘是谁画的？

《窗边的小豆豆》中文版的封面上，用黑色大字体赫然写着"黑柳彻子 / 著"，这便是小豆豆的本名。而在封面正中央，一张双手交叉抱于胸前的小姑娘的画像边，还用稍小字号标识有"岩崎千弘 / 图"的字样，那么，她便是画了这位小姑娘的画家。

与日文版封面不同，中文版采用了岩崎千弘创作于1970年、名为《穿粉色毛衣的少女》的画作，而日文版长年沿用的是她创作于上个世纪70年代上半叶的《戴焦糖色帽子的少女》。

犹记2003年《窗边的小豆豆》出版之时，决定封面使用温暖的淡粉色，而这张《穿粉色毛衣的少女》的画作在设计过程中那么一摆，浓淡相互烘托的那种恰似与融合感便油然现于眼前。但无论日文版还是中文版，封面上的小姑娘都是同一人，看起来大概八九岁的样子，乖巧中总是给人感觉透着一丝俏皮。

是的，岩崎千弘是画儿童画的天才，她一生留下的九千多

张儿童画中大多画的是孩子,以及花儿。小豆豆曾在书的后记中这样写道:

> 在世界上,恐怕再没有一位画家能够如此生动地表现出孩子们的神态来了。无论孩子们是什么样的姿态,千弘女士都能够生动地描绘出来,而且,她还能清楚地表现出六个月的婴儿和九个月的婴儿的不同神态。千弘女士的画作总是孩子们的好伙伴,画中包含着对孩子们幸福的祝愿。

细观书中的每一幅插图——婴孩与花儿,的确是她发自内心地对孩童的纯真、花朵之美的呈现。

翻开全书的第一页——献词页,上面写着:"谨将本书献给已逝的小林宗作老师",下面是一幅双指轻拈一朵红花,另一只手手心朝上轻托着,仿佛在凝视花朵,喃喃着内心的祈祷。

跨页的目录页使用的画作,上面画着一个背红色书包、脚穿红色小鞋的女孩,与封面的女孩是同一人。画面右端的茶色小猫,似乎在迎接小主人回家。另一张目录页则是花朵中一对牵着手的男孩与女孩。女孩身着白裙,男孩侧头望着她,恰似在花丛中奔跑着的纯洁精灵。

整本书中,有彩色插画,也有黑白插画。几乎所有岩崎千弘的画都会让我心暖,带着我与她一起,如稚童般张望着现实中并不完美的世界。而我最喜欢的一张则是在96至97页的那幅：一个歪着头的小姑娘，左侧发丝披垂着，右侧扎着一个松散的小辫，上系小小的红色蝴蝶结。褐色的披风，一个椭圆形的扣子别饰于胸前，淡紫色方块图案的小裙，脚上是一双红靴；女童的四周遍布着小花，头顶有落叶飘零。看着她，我似乎觉得那就是岩崎千弘心中自己女儿的模样，虽然她一生中只有一个儿子，但或许她画笔下的每一个女童，她都把她们想象成自己的女儿。

2. 画家岩崎千弘是谁？

日本的绘本，有六十年以上的历史，产生了多位在国际上已被认可的大师——安野光雅、赤羽末吉、林明子、宫西达也、五味太郎、长新太等等。其中，1980年赤羽末吉、1984年安野光雅分别获得"国际安徒生奖之插画家奖"。但是，其实真正的日本史上第一位绘本大师是一个女性，她就是被誉为日本国民级画家、始终"凝视孩子心灵"的岩崎千弘。

岩崎千弘（1918—1974年）十四岁开始学习油画和素描。她的画将西洋发达的水彩画与东洋传统的绘画技巧融合在一起，创造了独具一格的富有动感而又细腻的表现方式。儿童是她一生描绘不断的主题。她在九千多件作品中，留下了孩子们的各种姿态，体现了画家敏锐的观察力和卓越的绘画技巧。在令人扼腕叹息的一生中，她融合当母亲的育儿观察经验和对自身童年的回忆，画笔下的婴幼儿和孩童都生机盎然，纯真可爱，更有独特的表情和思想，同时她还创造出了自己所独有的透明纤细和充满流动感的画风。

虽然1960年代后半叶至1970年代初期,日本已经有大量的绘本存在,但当时的绘本以文字为主体,插图只是从属性质,是因文字而存在的。后来,至光社的创始人武市八十雄接受了欧美绘本作家的建议,说服千弘,两个人组成了创作"用画来说话的绘本"这种新形式。1968年,岩崎千弘的第一本绘本《下雨天一个人在家》出版,此后基本上每年都会有一本新绘本面世。其中《鸟儿来的那一天》1973年获博洛尼亚国际童书展插画奖,《小狗波奇来海边》1974年获莱比锡国际书展铜奖。

岩崎千弘一生渴望和平,特别期盼全世界的孩子都能过上幸福的生活,所以,她的画始终以孩子和花卉为主题。也或许是因为她在青春孩提时代经历过战争,所以,她一直都在通过不断地描绘小生命的光辉来诉说和平的珍贵。

但是,这般憧憬美与纯真的千弘却一生灾难连连。1939年4月,作为长女,年仅二十岁的她不得不遵父母之命与自己不喜欢的人结婚。婚姻生活并不美满,婚后第二年,丈夫自杀,后又因遭遇空袭而举家疏散到了母亲的娘家长野县松本市,并在那里迎来战争的结束。

真的就如日本著名导演山田洋次所说:"在战争中度过青春年华的岩崎千弘,勇敢地直面各种各样的困难,背负着巨大的苦难,顽强地活着,即便生活如此艰辛曲折,却创作出温暖、通透的美好作品。她的画笔下,始终饱含着人类最本质的温暖的感性。"

谁知，正当她屡获杰出成就、在绘本创作巅峰之时，却在1973年秋发现罹患肝癌，于1974年8月8日去世，享年五十五岁。

她曾说："当我感到疲惫无力时，人心的温暖让我热泪盈眶。我终生的志向不是画雄伟壮观的巨幅油画，而是小小的绘本。希望看了这些绘本的孩子长大后，书里的温情能留在他们心中的某个角落，当人生遭逢痛苦、绝望时，能回想起这些温柔的感动……"

3. 书中的插图是专门为小豆豆画的吗？

岩崎千弘比小豆豆年长十五岁，出生于1918年。算起来，小豆豆在巴学园上学的时候，岩崎千弘已经二十多岁了。

1974年岩崎千弘去世之时，小豆豆还没有开始创作《窗边的小豆豆》。岩崎千弘去世那一天，刚好是小豆豆的朋友的生日，她正打算把岩崎千弘的画册作为礼物送给朋友，临出门前看到邮箱里的报纸，才突然得知岩崎千弘去世的消息，她"顿时感到失去了一位关心保护孩子的最重要的人，禁不住泪流满面"。这是她平生第一次为从未谋面的人的过世而流泪。她给岩崎千弘的家人写了慰问信，开始与他们的交往，之后便动笔写下了《窗边的小豆豆》。

她一边写《窗边的小豆豆》，一边经常光顾开馆不久的千弘美术馆，与岩崎千弘的遗属一起寻找适合故事场景的画作。小豆豆惊讶地发现，岩崎千弘笔下有各种调皮可爱的女孩子的形象，无论她写哪个话题，都能找到相应的插画。也就是说，书中的所有插图，都是小豆豆自己亲自挑选的，而我们仔细观察每一张插图便会赫然发现，小豆豆在九千多幅画作中挑选得极其用心。正文第一页前面的说明页上写有——

> 这本书讲的是
> 一所小学
> 和在那里上学的
> 一个女孩子的
> 真实故事
> 故事发生在
> 第二次世界大战结束前的东京

文字下面所配的插图是一个侧弯着腰的背影女孩，正透过矮树丛，在张望着什么。这场景相信能让所有熟读《窗边的小豆豆》的人都会想起，小豆豆第一天到巴学园时惊奇地发现，新学校的大门是用矮矮的树做成的，还惊呼着说："从地里面长出来的门呀。"我对这幅画的想象是，小豆豆在张望她内心渴盼着的电车教室，以及校园里的一切。

而书中还有一张单页的黑白插图，画着一位正在用平底锅做饭的年轻妈妈，一边手中拿着料理筷子，一边低头看着手舞足蹈、绘声绘色地在说着什么的女儿。这张插图仿佛画的就是每天放学后的小豆豆，一回到家，马上去找妈妈，给妈妈讲她这一天在学校中发生的所有趣事。但沉浸在太过快乐世界的小豆豆应该很难发现,其实她的天性、她的顽皮、她的天真、她的无邪,常常会让妈妈有着很多内心的担忧,所以画中妈妈的脸上,多有几分严肃与凝重。

如此这般,我总在想:若是没有岩崎千弘的画作催染着,小豆豆能不能回想起所有的童年往事呢?

4. 在哪里能看到岩崎千弘更多的画作?

建于1977年的东京千弘美术馆,是由1952至1974年间岩崎千弘生活的故居改建而成的,比美国的第一家绘本美术馆还要早十年。

馆内收藏的近千件作品中,可欣赏到孩童们富于变化、灵韵生动的神态。来馆参观者可坐在千弘生前喜爱的沙发上欣赏她的画作。为了吸引大家能多次来馆参观,也为了保护其作品,馆内的展品每两个月会更换一次。除展出千弘与世界各国绘本画家们的作品之外,还经常举办各种大人、孩子都感兴趣的特别展。

以2023年为例,已走过四十多年历程的东京千弘美术馆举办了各种主题的展览:

3月18日至6月18日,主题展为"千弘的光彩"——柔和的阳光从树丛中透进来,光影、满月、烛光……岩崎千弘利用水彩颜料的色调、大量的留白和白色轮廓,运用她出色的绘画技巧，创造出多种多样的光线，没有一定的形状，但可以满心、满眼地感受到无处不神奇的光。这个展览主要介绍千弘对于光的表现。

同期还有另一位绘本大师的艺术展——"不可能实现的梦想：初山滋逝世五十周年"。初山滋（1897—1973年）在二十二岁时凭借童话杂志《少年的世界》受到关注，从大正时代跨越到昭和时代（1926—1989年）的五十多年间，他一直作为不可或缺的画家活跃在世界儿童画领域。他巧妙地将自幼根深蒂固的江户装饰美与西欧的现代性融合在一起，令其画作充满了新鲜感。从上个世纪30年代后半期开始，他还创作了许多自绘自印的木版画。那次主题展可以看到他完整而原生的艺术世界。而在追寻初山滋生平的同时，除了儿童画和版画，还展出了他的漫画、装帧图和未出版的绘本的原作，让参观者能够充分享受到优雅的线条、清晰的色彩所呈现的闪闪发光的幻想世界。

6月24日至10月1日，特别展的主题是"岩崎千弘儿童百景图"。这次展览，展出了以她的儿子为原型的素描，以及与千弘自身重叠的少女形象等。

随后的10月7日至2024年1月10日，展出主题围绕的是"岩崎千弘的温柔与美丽"。对于岩崎千弘来说，"温柔"和"美丽"是重要的关键词，它们始终根植于她的价值观。虽然近半个世纪已经过去，整个社会和环境都发生了翻天覆地的变化。但即便如此，千弘的画依然可以俘获人心，这也许是因为，她所珍视的东西是普世的，她始终想表达的是人类内心的"善"与"美"。

东京千弘美术馆自1980年代后半叶起，也开始收藏世界优秀绘本画家的原作，而为了网罗及展出更多作品，决定增建新馆，地点选在千弘父母的故乡——长野县，它就是安昙野千弘美术馆，该馆于1997年春季为纪念东京千弘美术馆设立二十周年时开幕启用。新美术馆所在地的松川村，是千弘的父母"二战"后以拓荒农民身份移居至此的偏野山村。千弘也常常来这里，并留下许多当时画作的草稿。馆内的展品也是每两个月更新一次，展出千弘及世界各国绘本画家的作品，同时展出与绘本历史相关的各种资料，是世界上最具规模的童书插画及绘本美术馆。

5. 岩崎千弘的后代

　　我写这本《窗边的小豆豆》，要把一篇篇文章积累到够一本书的程度，的确很难。因此，我特意在讲谈社的《年轻女性》杂志上连载，这样可以每个月都有一定的截稿日期，迫使我必须完成写作计划。从1979年2月到1980年12月，我一直连载了将近两年的时间，后来将这些文章汇集成书。其间，为了选择合适的插图，每个月我都要去位于练马区下井神社的岩崎千弘绘本美术馆（我也是那里的理事之一），在副馆长松本猛先生（千弘女士的儿子）和他的夫人由理子女士的帮助下，挑选图画。

通过《窗边的小豆豆》后记中的这段文字我们可以知道，作为日本最忙碌的电视节目主持人的小豆豆，为了完成这本书，首先选择了在杂志上连载的方式，因为连载就有不能让杂志"开天窗"的责任。同时我们也得以知道，千弘的儿子叫松本猛。

很庆幸的是，松本猛不只守护着妈妈留下的美术馆，自己后来也像妈妈一样，成为了一位绘本画家。出生于1951年的松本猛，1974年毕业于东京艺术大学美术学部艺术学科。大学毕业后不久的同年夏天，妈妈去世。第二年，岩崎千弘纪念事业团筹备委员会成立，松本猛开始为展示妈妈作品的美术馆开馆而奔走。此后，便有了上文中提到的世界第一个绘本美术馆的诞生。从那一日起，松本猛始终"陪伴"着妈妈，历任东京千弘美术馆副馆长、安昙野千弘美术馆馆长、长野县信浓美术馆馆长、长野县文化振兴机构理事长等职务；创作有《苹果园的十二个月》《我想有一双翅膀》《福岛的孩子》《千弘美术馆的绘本艺术家》《我为什么要创建安昙野千弘美术馆》等绘本作品及著述。

他与前妻松本由理子育有四个孩子。1984年出生并成长于东京千弘美术馆的三女儿松本春野毕业于多摩美术大学油画系，后来也成为了绘本画家。

而无论是儿子还是孙女，在他们的血脉中，一定有传承着无上纯善与大爱的艺术魂灵。即便是我们这些外人，每每站在千弘的画作前，都如站在空山雨后，都能获得深深的心灵涤荡，那么千弘的后代们，想必定已得到世上最纯洁的内心。

十九

长大以后的小豆豆

1. 作为女演员的小豆豆

1945年，巴学园毁于战火。1946年，时年十二岁的小豆豆初中及高中就读于东京私立女校——香兰女学校，毕业后，考入东洋音乐学校，即现在的东京音乐大学。

大学毕业后的小豆豆意识到自己无法成为优秀的歌剧演员，于是决定"做一个能熟练地给自己的孩子读绘本的妈妈"，并在报纸上应聘NHK广播剧团的演员职位，心想"也许他们能教我怎么读绘本"。后经过六轮筛选，小豆豆从约六千名应聘者中脱颖而出，成为了剧团的十三名成员之一。

自此次的因缘际会起，1953年1月，也就是日本开始电视广播的第二个月，她作为NHK广播剧团的一员，以史上第一位电视女演员的身份首次亮相。

1954年，NHK第一广播电台制作的广播剧《三只猴子》开播，她在剧中担任主角。该节目也是日本广播剧史上第一次由成年女性为儿童配音。此后，她陆续参演了多部木偶剧，为剧中的各种角色配音。

除了儿童节目外,她还出演了《年轻的季节》(1961—1964年)和《在梦中相见》(1961—1966年)等热门电视剧,每周需要参演六七个固定节目,工作异常繁忙。在小豆豆芳华二十多之时,她甚至每周要上十个固定的电视和广播节目,每天只睡三个小时。

1961年,年轻的小豆豆以多年的努力,获得第一届日本放送作家协会奖之女性演技者奖。在极度辛劳与迅速成长中,素来对自己极为严苛的小豆豆,并未沉浸于成功的喜悦与自我价值感的认可中,而是渐渐意识到自己的演技与舞台上的演员还有不小的差距,随后,她以第三期学员的身份加入了仰慕已久的杉村春子所开设的文学座附属演剧研究所,并辞去了NHK的工作,开始专心学习演技。

不巧的是,文学座没能持续长久,而至解散。所幸,小豆豆有缘进入东宝音乐剧《斯嘉丽》团队,并与美国百老汇剧组合作,于1970年正式站上了剧院舞台。此后,受百老汇作曲家的妻子之邀,时年已三十八岁的小豆豆决定到纽约继续深造。

自1971年9月起,小豆豆在纽约学习了一年。其间,她进入戏剧学校学习表演,成为该校开办以来的第一位东方学生。同时,她还在一所舞蹈学校学习现代舞。最为有幸的是,她结识了纽约的发型设计师须贺勇介,就是他为小豆豆设计了独特并几乎伴随了一生的"洋葱头"。

时光很快转到1972年,小豆豆被委任为日本第一个由女性主持的大型节目《13时秀》的主持人,该节目便是《彻子的小屋》的前身。

1976年,随着日本朝日电视台《彻子的小屋》的开播,小豆豆不再参与作为女演员的表演活动,她认为,既扮演角色又做主持人会造成混乱,如果自己扮演的是一个坏女人,在主持节目时,就会让观众觉得仿佛听一个坏人在说话。

小豆豆总是如此忠实于自己与他人。

2. 作为主持人的小豆豆

退出舞台表演后的小豆豆开启了几近毕生的主持人生涯。《彻子的小屋》是一个对话节目，每周一至周五下午一点到一点半播出，每次基本上访谈一位嘉宾。于是，自1976年始，政治家、艺术家、作家、明星，几乎所有的日本名人都曾走进过"小屋"。2011年4月27日，是该节目的第八千九百六十一次播出，创造了由同一主持人播出次数最多的吉尼斯世界纪录。2015年5月27日，该节目播出达到一万次，打破了由小豆豆自己保持的吉尼斯世界纪录。1995年，该节目获得桥田奖，1997年获得第二十三届放送文化基金奖，2006年获得菊池宽奖。菊池宽奖的授奖理由是："表彰三十年不间断地播出高质量对话节目的努力。"岁月转至2024年，"小屋"仍旧在开张而未谢幕。近五十年，与约两万名人对话，这是一场常人无法料见的极为漫长的"马拉松"，小豆豆为此所付出的艰辛，若无计算，便无惊叹。五十年间，每年的二百六十天都与名人在镜头面前说话，要有的放矢，访谈出精彩的内容，背后大量的资料准备工作才是最为艰难的部分。而小豆豆为了节目的真实与精彩，多年始终坚持无需剪辑，是一访到底的呈现。试想，如此漫长的行程，需要多么惊为天人的思路清晰与心理的抗压能力。一般的主持人，只这一个节目便已会觉得重负如山，但小豆豆还有除此之外的其他主持，也是一坚持就是数十年，而非简单的客串。

1978年，TBS电视台的音乐节目 *The Best Ten* 开始播出，该节目大受欢迎，最高收视率达41.9%，小豆豆从第一期开始主持，直到1989年播出最后一期。

20世纪70年代，小豆豆还在NHK的古典音乐节目《音乐广场》《聊聊管弦乐团》中担当主持，并发挥了重要作用。她幽默风趣、语速飞快的主持风格，在同类节目中独树一帜，给观众留下了活泼而善于倾听的印象。

1986年，TBS电视台的益智答题类节目《发现世界的不可思议！》开始播出。这也是一个"长寿"节目，小豆豆从第一期起就作为固定答题者出现在了每一期的节目中，直到2024年3月30日。

小豆豆出生于1933年，2024年8月满九十一岁高龄，但我在她的网页查看她2024年后的工作，仿如看到一个十九岁少女工作的满负荷：每周一至周五，主持朝日电视台《彻子的小屋》；每周六，参加TBS电视台的益智答题类节目《发现世界的不可思议!》；每周一，主持NHK电视台系列讲座《大家的手语》。此外，还参加了大量其他电视节目的录制，如日本电视台《呜呼!!大家的动物园》《比五年级学生还聪明?》等等。

而小豆豆最为华丽的主持则是新年钟声敲响的前夜，站上日本观众必看的红白歌会的舞台。NHK红白歌会是日本放送协会的一个大型音乐特别节目，自1951年起每年在新年前夜播出，是日本历史最悠久的节目之一，俗称"红白"。1958年，小豆豆主持了第九届，这是她首次担任"红白"中的红队主持。二十二年后的1980年，她再次复归"红白"中的红队主持。此后她连续三年出现在同一舞台上，直至1983年。而三十二年后的2015年，她作为"红白"的总主持，又一度闪亮登场。

3. 作为慈善家的小豆豆

除表演活动之外，小豆豆还因担任联合国儿童基金会亲善大使而闻名。1984年，她成为第一位被任命为亲善大使的亚洲人，此后又成为年龄最大的亲善大使。从那时起，小豆豆每年都会访问非洲和其他地区，一共到访过三十个发展中国家，且从未间断。联合国儿童基金会于1985年授予她首届联合国儿童基金会儿童生存奖，并于2000年授予她首届联合国儿童基金会儿童领袖奖。日本政府还于2003年授予她勋三等瑞宝章的无上荣光。

2002年小豆豆访问阿富汗和索马里时，随行的日本电视制作小组播放了两集九十分钟的访问纪录片。小豆豆在朝日电视台的新闻台播出了关于这次访问的报道，其他新闻节目，以及《彻子的小屋》，还有许多报纸和杂志都报道了她的实地考察。对小豆豆亲善大使活动的广泛报道引发了资助阿富汗和索马里儿童及其家庭的呼吁。

在干旱、内战、杀戮和地雷肆虐的危险境地,有人问小豆豆:"你为什么要去那里?不害怕吗?"小豆豆则回答说:"我是联合国儿童基金会的亲善大使,要尽可能让每个人都知道那里的真实状况。经历过战争的人都会有这种想法。因为我还在上小学的时候,就已经知道自己随时会死。我们经历过'二战',可以理解没有父母的孩子的饥饿和孤独。巴学园的理念是'大家一起做',而不是提供支持,这是联合国儿童基金会活动的基础。"

此外,如前所述,小时候对于聋哑孩子及手语的美丽而深刻的印记,长大后的小豆豆依然持续多年为这些孩子付出自己的关爱。1981年,她将自己的超级畅销书《窗边的小豆豆》的版税捐献出来,成立了"小豆豆基金",该基金的设立,是为了建设和管理"小豆豆文化馆"。同年,她因此获得了"国际残疾人功劳者内阁总理大臣奖";1982年,获得了"全日本聋哑联盟福利文化奖"。

4. 作为作家的小豆豆

作为一位作家，若创作出本国销量最大的一本书，拥有最多的读者群体，那是怎样的一种荣耀？而小豆豆就是创造了这种荣耀的作家。日本讲谈社于1981年出版的《窗边的小豆豆》，2023年12月14日获得吉尼斯世界纪录颁发的证书，使其成为"单个作者自传体回忆录发行量最多的作品"，发行量的记录为两千五百一十一万三千册。而仅在日本，这本书也成为了战后以来最畅销的作品。

同时，敢言的小豆豆，还为日本的作家群体谋得了最大的福利，那就是降低极高的税率。1985年，应邀作为政府税制调查会的知情人士出席了会议的她在会上说："目前，我的收入的90%都是税；我在一个小时的节目录制中，只有几分钟可以得到收入，剩下的都交了税。我在一页四百字的稿纸上写的前两行能得到收入，其余的十八行都是税。我们并不缺乏工作的动力。我希望将最高税率降低10%。"两年后，日本政府部门将最高税率降至了60%。

除了《窗边的小豆豆》之外,小豆豆还凭借惊人的记忆、昂扬的写作能力,自1972年至2023年间,创作出了近三十部随笔集,以及与他人共著的十余部形式、内容各异的其他作品。

作为作家的小豆豆的特点就是率真,而且基本上只写自己,只写自己所经历过的。她曾谦逊地说,自己并不是作家,只是在写作文,自己喜欢写作文。而她只说真心话,只写真实描述的"作文",读起来实在过于有趣,似乎让一切的发生都如镜头下的记录,在纸页上浮现与游走,让人读着捧腹,读后难忘。

是写作,常常把她带回小时候,带到回忆中,她更是沉溺于此,于是写下《小时候就在想的事》《奇想国的小豆豆》《小豆豆丢失的记忆》等。

2023年,已九十岁高龄的小豆豆再次执笔创作了新作——《续窗边的小豆豆》。讲述了小豆豆被疏散到青森县,然后从音乐大学毕业,成为演员并前往纽约留学的整个过程。时隔四十二年,因何小豆豆再次陷入久远的过往并书写下来,以她自己的话说:"我知道,无论我怎么想,都不可能写出比《窗边的小豆豆》更有趣的作品了。因为在我的生活中,从来没像在巴学园时那样,每天都很开心。不过,我慢慢开始觉得,如果有很多人想知道发生在我这样的人身上的事,那我就应该试着写一写。我花了四十二年的时间,才下定决心写出来。当我开始写作时，我笑了、哭了，我回忆起了那场战争……"

我们因此而知，小豆豆一直都有太过丰富的内心，自己每日咀嚼着，当有足够的爱与痛的触发，她才会提起她那支作家的笔，因为每一天的她，都实在太过忙碌，太过要强了。

5. 一生绚烂的女人——小豆豆

在日本，一提到小豆豆黑柳彻子，相信几乎每个人都会在脑海中即刻浮现出她的率真与快言快语。小豆豆说话的语速比常人快不少，但是声音柔和而坚定，仿佛她生下来便是为了说话的，也难怪小时候第一次见到小林校长时就可以说上四个小时的话。她那种条理清晰的快速表达，常将人很快带入语境，并顺着她的思路敞开心扉。

小豆豆整体外貌几乎一生未变，一直梳着从年轻时便中意的"洋葱头"。浓密的洋葱瓣一般的刘海儿遮住额头，只露出杏仁般清澈的黑瞳、线条清晰的脸颊，头上的"洋葱"常常仿如一朵大花。

她还是毕生追求美的女人，尤其钟爱华丽的衣裳，每次节目一出场，首先吸引我的是她当日的服饰。小豆豆无比喜欢漂亮的裙装，她从未穿过同一件衣裙出现在镜头或者众人面前，所以小豆豆所着的衣裳超过万件，且几乎每件都华美而设计独特。给我印象最深的是她曾穿过的一件如大鸟羽翼一般的白色外套，内衬一袭长红裙，格外大胆而秀美，于是她成为了日本女人终其一生的美丽典范。

而内心纯净的小豆豆，更是拥有大量的密友，各界名人仿佛都喜欢甚至热爱她。导演群体中，她最好的友人应该是山田洋次，就是执导过《幸福的黄手帕》的那位名导。他是在2008年继小津安二郎之后第二位成为艺术学院院士的电影导演。森光子、永六辅、高桥昌也……一个又一个在艺坛上闪耀的名字，都是与小豆豆相交超过半个世纪以上的好友。

无数的荣耀伴随了小豆豆的一生，从电视屏幕到戏剧舞台，从镜头前到大银幕，从各种奖项的获得到永远追求真实的自己。自巴学园废墟中走来的小豆豆，从那天起便带着倔强与执念，一直走到2024年1月的某一天，在镜头前，一位发型师把她那标志性的洋葱头发型上的几缕发丝抚平，另一位助手则用毛毡滚筒把她的黑色刺绣夹克滚了一遍，就这样，九十岁半的小豆豆做好了录制第一万两千一百九十三期《彻子的小屋》的准备。

抬起头，面对摄像机与灯光，她微笑着，在那间近半个世纪的熟悉的小屋，一位绚烂的女人再次熠熠生辉，等待着她的嘉宾推门走进来。

二十

中国与全世界的《窗边的小豆豆》

1.《窗边的小豆豆》在日本

《窗边的小豆豆》1981年3月6日在日本出版之前，是小豆豆自1979年开始在月刊杂志《年轻女性》上撰写了两年的随笔连载，此后由讲谈社编辑成书，共收录了六十一篇文章以及后记。该书出版后，部分章节还曾出现在日本小学的语文教材中。

确切地说，本书的初版是1981年，后来相继于1984年、2006年、2014年、2017年出版了文库版、新版、绘本版，以及电子版。作者最初的写作本意是想给家长、教育工作者一些警示，未曾想到，阅读该书的群体却越来越广泛，甚至没有孩子的成年人，以及孩子们都开始接受这本书，使之成为了日本战后销量最大的一本书。但其实这本书能够如此畅销的主要原因之一，还是它当时对于上个世纪80年代的日本教育本质的触达，从而引发了热议与思考。

上个世纪70年代后期至80年代初期的日本，在社会教育问题上出现了极为令人担忧的现象,那就是校园暴力事件的频发,后来又相继出现霸凌、自杀、逃学、老师的体罚等问题。甚至1981年在某初中的毕业典礼上,还曾经有警察进入学校以防止学生对老师施暴事件的发生。当时的政府已经意识到,日本的教育要从残酷的竞争考试中向培养孩子的独立与自主性方向上转变的必要性。于是,《窗边的小豆豆》中所描述的巴学园自由的教育环境以及独特的教育理念给教育界带去了新的启迪。

首印两万册的《窗边的小豆豆》于次年销量快速超过了五百万册。日本《朝日新闻》曾在家庭版上刊登了一系列文章,深入探讨了《窗边的小豆豆》畅销的根由。一位儿童研究专家这样评论道:当时日本的教育是建立在竞争原则基础之上的,这种原则就是优胜劣汰,令人窒息。这也许就是为什么人们向往小豆豆的自由世界,并被其清新的童真所吸引的真正原因。

而当年读过《窗边的小豆豆》的那一代读者,此时都已经年过半百,但这本书始终留在他们的记忆中,且第二遍、第三遍地在读着。他们写下了这样的感想:

> 我小时候读过这本书,觉得很有意思,所以又读了一遍,感觉非常有趣!当我再次读这本书时,真的觉得,如果这个时代也有像巴学园和小林校长这样的人,那该多好啊。如果有一所像巴学园这样的学校,我每天都会很开心,一天也不想旷课,也

不会再有孩子逃学了。黑柳彻子是幸运的,尽管当时正处于战争的困难时期,但她遇到了巴学园和小林校长。

我从小学开始,就时不时地重读这本书。这一次,当我为了孩子写这本书的读后感而再次拿起书时,我意识到自己也有了一颗母亲的心。我的视角完全变成了一个母亲的视角。我为小豆豆母亲的大度而惭愧,为泰明父母的遗憾而流泪,为巴学园的崇高理想而鞠躬。而以前,我会站在小豆豆的角度,这也是重读这本书的乐趣所在。我的儿子写道:这本书的主题是"生命的价值"。这太神奇了!

总之,《窗边的小豆豆》在日本,不只讲述了小豆豆的故事,还展示了一个自由和多样化的教育环境,展现了对儿童个性、教育实践的新教育理念的理解。它既是当时日本教育环境的一个缩影,也是日本新旧教育理念的一次碰撞。

2.《窗边的小豆豆》在日本的各种改编

该书在日本出版后,立即收到了包括电视剧和电影在内的许多影视的邀约,小豆豆均拒绝了,因为她觉得"没有人能扮演校长"。小豆豆的挚友、电影导演山田洋次也认为:"这部作品是对人类的准确描绘。从来没有一部作品能塑造出这样的人类形象。我想把它拍成电影,但我做不到比小说更好,如果我把它拍出来,观众会失望的。没有人能演好巴学园校长这样的角色,所以我们拒绝了所有改编电影的请求。"

不过,1982年,音乐故事《窗边的小豆豆》获得了首演的机会,由黑柳彻子和饭泽匡改编,黑柳彻子朗诵,小森昭宏作曲,小林研一郎演奏,新星日本交响乐团指挥并伴奏。

时光转至三十多年后的2017年,电视连续剧《小豆豆!》终于与观众见面。该剧自2017年10月2日至12月22日播出,共六十集,第一次将小豆豆的生平及其家庭搬上电视屏幕。剧本由大石静撰写,清野菜名与松下奈绪分别饰演小豆豆和妈妈。

小林校长也第一次出现在连续剧中,由神色颇有点相似的演员竹中直人饰演。

而最令人兴奋的则是2023年,这本书终于被改编成了动画电影,作为朝日电视台六十五周年庆典的一部分,于2023年12月8日开始在日本全国上映。导演是八锹新之介,该动画片很快获得了第四十七届日本电影学院奖之优秀动画作品奖,以及第三十三届日本电影批评家大奖之动画作品奖。

3.《窗边的小豆豆》在全世界

据说,《窗边的小豆豆》是二十世纪在全世界反响最大、影响最深的一本书。至今,这本书已被翻译到许多国家,包括欧洲、美国和亚洲,超过三十五种语言的版本在地球的每个角落被阅读与喜爱着。三十五种语言包括中文、英语、韩语、印度尼西亚语、泰语、俄语、阿拉伯语、法语、马来语、德语、西班牙语、越南语等。

英语版的《窗边的小豆豆》是出版最早的外文版本,首版于1982年6月,书名为 *Totto-chan : The Little Girl at the Window*。1982年11月,《纽约时报》以巨大的版面和篇幅介绍了这本书。文章这样写道:

> 小豆豆是那种喜欢与燕子和宣传艺人交谈的孩子,她不停地问问题,却很难静下心来听到答案。她的好奇心让她在很小的时候就惹上了麻烦,六岁

时，她因为频繁开关课桌和站在窗边向外看而被小学退学。在日本，教育系统是通往地位和权力的必经之路，而这个小孩子很可能就此在被退学的耻辱中长大，成为教育系统的弃儿。但她的母亲却把她带到了一所与众不同的学校，在那里，校长饶有兴趣地听她唠叨，并跟她说，"你真是一个好孩子"。就这样，小豆豆长大后成为了日本最受欢迎的电视节目主持人，拥有千万观众。小豆豆写的这本书，讲述了"二战"期间她在东京接受非传统教育的故事，以及这种教育所教会的她的价值观。她在电车教室里上课，去大自然中散步，按照自己喜欢的科目的顺序上课。小林宗作是这所学校的创始人和校长，他对孩子们的爱和尊重，塑造了巴学园所有学生的生活观与人生观。小豆豆通过一系列轶事，讲述了她的小学时代。那些轶事常常令人感慨万千，但又绝不矫揉造作，所以使之成为了日本的超级畅销书，迄今为止已售出五百多万册，打破了之前所有的出版纪录。她笔下的学校是一系列欢乐的冒险故事，与大多数日本人所经历的刻板、应试教育形成鲜明对比。日本读者为之着迷，更多的是怀念，该书还在日本国内引发了一场关于日本教育制度的广泛讨论。现今日本的识字率高达99%，其学生在数学和科学测试中的得分远优于西方学生。为了取得这样的成绩，日本人在无情的压力下，用长时间的学习来换取在全国标准化测试中的成功，但有些人，如小豆豆就是其中之一，他们质疑这种教育是否削弱了孩子们的想象力，忽视了一些特殊存在的孩子群体。小豆豆还列举了巴学园毕业生的成就，其中包括杰出的物理学家和东亚最权威的珍稀兰花专家，以此证明灵活的另类学校也能促进学业成绩。正如书中所述，巴学园为学生提供的远不止学术上的成功，书中的许多章节涉及美国读者应该感兴趣的普遍主题：孩子们如何学会为他人着想，如何面对死亡，如何对待与自己不同的人……

通过这样的报道，我们可知美国媒体与读者对此书所产生的强烈共鸣。

关于俄语版，2016年，小豆豆曾这样介绍过它的情况："这本书刚出版时，俄罗斯出版社给了我五本，我立即把其中的四本送给了我的俄罗斯朋友们，自己只留了一本。当戈尔巴乔夫来到《彻子的小屋》时，我把最后一本书赠与了他。我以为很快能再拿到这本书，当我请俄罗斯出版社再给我寄一本时，他们回答说，第一版的十万册在俄罗斯很快就卖光了，之后由于纸张短缺，无法再印刷，所以一本也没有了。"

而在泰国，《窗边的小豆豆》的出版甚至引发了该国儿童文学繁荣的热潮。1984年该书首次进入泰国读者的视野,成为该国引进日文书籍中少有的长销书。1980年代至新世纪初期,泰国经历了一个儿童文学翻译蓬勃发展的时期,《窗边的小豆豆》的新奇与新意为之贡献了巨大的力量。

4.《窗边的小豆豆》在中国

2003年1月,《窗边的小豆豆》中文简体版在中国正式出版,这是距离日本出版该书二十年后的首次授权。此前的80年代,中国因尚未加入世界版权公约,所出版的多个版本均未曾得到过作者的授权。1983年中国各大出版社同时推出了多个译本:中国展望出版社出版了未申的译本,书名叫《窗旁的小豆豆》;湖南少年儿童出版社出版了朱濂的译本,书名叫《窗边的小姑娘》;少年儿童出版社出版了陈喜濡与徐前的译本,书名叫《窗边的阿彻》;辽宁少年儿童出版社出版了王克智的译本,书名叫《窗旁的小桃桃》。

一些老读者可能会发现,出版于1983年的几个《窗边的小豆豆》的版本并未产生很大影响,到底是为什么呢?我曾经读过其中的两三个版本,研究当时并未产生巨大影响的原因,发现其中主要是翻译问题。当时的几位译者多为男性,对于这本书的生动、率真,甚至有点儿顽皮的文字风格,没能很好地把握，只译出了骨骼，而未译出血肉。所以当新经典正式引进版权时，我与公司一致的想法便是，译者要选择女性，最好是位年轻的妈妈，懂得孩子。后来与译者赵玉皎多次接触发现，虽然她并不是一位妈妈，但是一个非常有爱心与纯净的女孩，于是我们选择了她。也可以说，2003年推出的《窗边的小豆豆》产生巨大的影响力，除了营销、推广、定位上的准确之外，译本与原书、原文的切近，也产生了一定的作用，因为读起来特别吸引人，几乎没有翻译的痕迹。

这本书2003年1月出版时，首印只有两万册，二十一年后（2024年），已发行超一千七百万册，一开始，没有人想到会有如此巨大的销量，更没想到中国甚至超过日本本土，成为这本书在世界上销量最大的国家。这本书经久不衰的主要原因是，书的定位在教育，小豆豆与小林校长一起成为了书的主体，让巴学园以及小豆豆的妈妈对小豆豆的认可、鼓励成为了这本书的灵魂，于是，书中的巴学园成为了孩子们心中的"梦校"，小林校长成为了孩子们对老师的期待，小豆豆的妈妈成为了妈妈们的榜样。所以，这本书让孩子、教育工作者、父母们都爱上了它。

也就是说，《窗边的小豆豆》在中国的二十余年间，一直被认为是一本适合儿童和家长阅读的好书。同时，高度认可它的经典的文学性与有趣的儿童性。而将这本书推向至高儿童文学地位的则是2020年中国教育部将其列入了小学三、四年级的必读书目。至此,《窗边的小豆豆》长年居于童书畅销榜榜首,始终出现在读者可见的视野中。据2020年的统计显示,《窗边的小豆豆》已连续十年位居童书畅销榜榜首。

5. 中国各界名人对《窗边的小豆豆》的赞誉

中国目前唯一一位国际安徒生奖获得者、北京大学教授曹文轩曾出席过《窗边的小豆豆》畅销二百万册答谢会、《绘本窗边的小豆豆》首发式、《窗边的小豆豆》畅销一千七百万册庆典暨《续窗边的小豆豆》首发式。他对一直很喜欢的这本书有着非常准确的定位："《窗边的小豆豆》这部书的主人公不是小豆豆，也不是小林校长，它的名字叫'教育'，它的笔名叫'巴学园'。从开头到结尾，《窗边的小豆豆》谈的都是教育的问题。而教学与教育不是一个概念。有些所谓的优秀教师、优秀校长其实只懂教学，而不懂教育。我们拥有成千上万的懂教学的特级教师和优秀的校长，但我们却缺少像小林校长这样懂教育的教师与校长。"

儿童文学作家徐鲁则认为："该书不仅是适合小孩子们阅读的优美的儿童小说和成长故事，同时也是写给全天下的父母、教师和教育工作者们的'教育诗'。"

1982年，孙云晓担任《中国少年报》记者时，第一次读到了巴学园的故事时这样评价说："我几乎是一口气读完的，书中关于儿童的表达、儿童的个性，以及小林校长的教育方法让我印象深刻。"三十多年后，已是著名家庭教育专家的孙云晓依然继续被小豆豆的故事打动着。在他看来，巴学园里的教育方式蕴含着深刻的教育哲学。"到今天，很少有校长，包括孩子的父母能听孩子讲好几个小时的话，所以小林校长是一个具有现代儿童观的校长。此书令人惊讶地证明了童年是永恒的，是超越时空的，是有独特价值的。实际上，黑柳彻子对童年的发现与证明，不亚于爱因斯坦发现相对论。"

总之，每个成年人都从这本书里，发现了闪闪发光的教育，而孩子则从书中看到了幻梦一般的巴学园的存在，以及对小林校长一样的老师的憧憬。于是，这本具有极为丰富的各种维度的书，让每一个阅读者读后都满溢着幸福，而小豆豆因此书，将永久被所有人羡慕与铭记。

最后，我作为女性，很想向黑柳彻子由衷地说一句感言，那就是：谢谢您作为女性的大爱无疆，还有倔强。

后　记

1981年《窗边的小豆豆》日文首版，距离2003年中文简体版的正式出版，中间相隔了二十二年。我与这本书的相遇，也间隔了一个从初中女生到文学博士的成长距离。这两个时间线之遥，几乎让我忘记了那个曾经站在窗边的小豆豆。而再次记起她，我已经变成了这本书的中文简体版的责任编辑。

作为编辑，一部书稿要打磨多遍，但似乎永远也改不到使自己绝对满意。于是当年的我对自己说，改五稿就好。但记得最终改了七稿。改稿的过程是全然沉浸在每个字与句、每个段与段、每个章与章之间。而这本书于我，改稿全无痛苦，反而很幸福。因为，小豆豆实在是我觉得人生中，不会再有比她更幸福的人的实体存在。自此，我与这本书深深地纠缠至今，超过二十年。

漫漫的二十多年，我每一日都好像活在其中，书中的每一个细节，都似一首首无限循环的单曲，萦绕着我的生活。如此日复一日，便时不时地会空想开去，心中的疑问也越来越多。

先是小豆豆的妈妈，在书中字里行间的游弋，始终带着一个最为理想的妈妈的光芒，就连小豆豆被退学了这样大的挫折，她也独自担负，没有丝毫的迁怒与责骂。到底一个什么样的女性，会做到如此呢？是什么样的原生家庭，怎样美满的生活，会让她这般宽容与情绪稳定呢？带着这样强烈的探究心理，便有了书中"小豆豆的妈妈"这一篇的书写。

而整本书，自然令所有读者感受最深的还是巴学园。我始终相信，在《窗边的小豆豆》出版至今的四十多年中，每一个阅读过这本书的学生，无人不曾对这所现实中已经不存在的学校充满过置顶的憧憬，当年的我就是其中的一个。所以，我想去了解能够探知到的关于巴学园的一切，于是便有了"巴学园：万千孩子心中的'梦校'""巴学园的上课方式""巴学园的周边"等等，是用每一个细节，从每一个角落，对巴学园"考古"后的书写。

自然，小豆豆也是我浓厚的探索兴趣所在，所以"宣传艺人"单独成篇，不仅仅因为它是导致小豆豆退学的主要原因，还因为我想知道，为何小豆豆多个长大后的心愿，如间谍、车站售票员等，但给读者的感觉始终是，小豆豆更想成为一个宣传艺人。等我整个梳理完宣传艺人的历史流转、宣传艺人的呈现与表演方式等，我发现，原来是小豆豆热烈的性格，使之变成了这个发自内心想要成为的心愿。

同样围绕着小豆豆,她的另外两个最好的"朋友"泰明与狗狗洛基,我定不敢轻言放过,尤其是泰明,我希望能从他的家世上找到他吸引小豆豆愿意"舍身"帮他的真正的因由是什么? 于是,我便有了欣喜的发现,泰明的家族,是个商业巨贾中的望族,所以他的姐姐在上个世纪的 30 年代便去过美国,泰明比很多孩子更早知道了什么是电视机。所以,是泰明的良好教养、体贴温良的性格,与小豆豆之间有了互补的相惜。

全书的确对小豆豆始终偏爱有加。为了给小豆豆"正名",而写了"多动症与小豆豆"一篇;为了了解小豆豆因何对手语那般好奇,而有了"手语与小豆豆"的索骥。书写这一篇时,也是让我第一次知道,手语那翻舞的手指,原来想要表达的内容是那般神奇,所有亲族用手语的表现,那些细微的差别,在我看来,仿佛一场奇幻电影般,镜头翻飞惊诧。

对于小林校长的书写,主要用了两个篇幅:"小林校长"这一篇,梳理了他一生的成长,以便从中发现,他何以成为万千教育工作者那汪洋中的旗帜。另外一篇"俳句与巴学园的孩子",其实也是将小林校长作为主体的。因为,俳句在巴学园,只有小林校长一个人教孩子,而且他随时随地,把俳句融为孩子们的学校生活的一部分。俳句在日本,是文人最为推崇的一种文学创作,仿如中国现代文人写古诗。这样的文体,孩子会接受? 会懂得吗? 带着这样的疑问,在梳理中我发现,小林校长心底认为,小林一茶基于孩子,可以说是汉诗中的阳春白雪,只要有童真与纯心，孩子同样可以创作出孩子式的俳句。

"小豆豆的同窗们"这一篇，让我写得最为窃喜。我们很多人都知道小豆豆长大后的样子，但是她的小伙伴们后来如何了，我——剥茧般从世纪长河中将他们找到了：第一天上学时见到的、穿着小兔子图案连衣裙的朔子，成为了一名英语老师；小林校长的女儿——美代，也成为了一名音乐老师；大荣君，成为了一名日本功成名就的兰花专家；喜欢做实验的阿泰，最终获得博士学位，成为了一名物理学家……他们最终都成为了他们自己，同时也是无处不带着小林校长对他们丝丝打磨与滴滴遗风的续延。

此时，当我写作这篇后记时，回想从起笔到最后一个字的落下，历经了两年半的时间。其间，一次次的发现带给我莫大的喜悦。虽然这算是一本"研究"《窗边的小豆豆》的书，但整个写作过程，就如我在考古一座古墓，那些埋藏在泥土中默默百年的宝藏，我用手中的小刷点点扫开、取出、端详。

我还曾经多次去感受巴学园周边的风，抚摸小豆豆他们常去散步的九品佛寺的景物，也在自由之丘车站附近徜徉过。似乎，从未曾有任何一本书让我如此眷恋，带给我如此丰富的感知与情愫。我的这一切，我希望你在读完这本书时，至少能获得我所获得的一二。若如此，我与《窗边的小豆豆》的结缘，该留下的便都留下了。

图书在版编目(CIP)数据

你真是一个好孩子:《窗边的小豆豆》背后的故事 / (日)猿渡静子著. -- 上海:上海译文出版社,2025. 6. -- ISBN 978-7-5327-9903-9

Ⅰ.G61-53

中国国家版本馆CIP数据核字第2025480BZ8号

你真是一个好孩子:《窗边的小豆豆》背后的故事
[日] 猿渡静子 著

选题策划 / 击壤文化 　　　责任编辑 / 朱昕蔚
装帧设计 / 柴昊洲 　　　　插　图 / 许林云

上海译文出版社有限公司出版、发行
网址:www.yiwen.com.cn
201101　上海市闵行区号景路159弄B座
浙江新华数码印务有限公司印刷

开本 787×1092　1/32　印张 10.75　插页 7　字数 101,000
2025年6月第1版　2025年6月第1次印刷
印数:00,001—20,000册
ISBN 978-7-5327-9903-9
定价:68.00元

本书中文简体字专有出版权归本社独家所有,非经本社同意不得转载、摘编或复制
如有质量问题,请与承印厂质量科联系。T:0571-85155604